SUPER INSETTI

Autore John Woodward

Consulente George McGavin

DK

SUPER INSETTI

GRIBAUDO

SOMMARIO

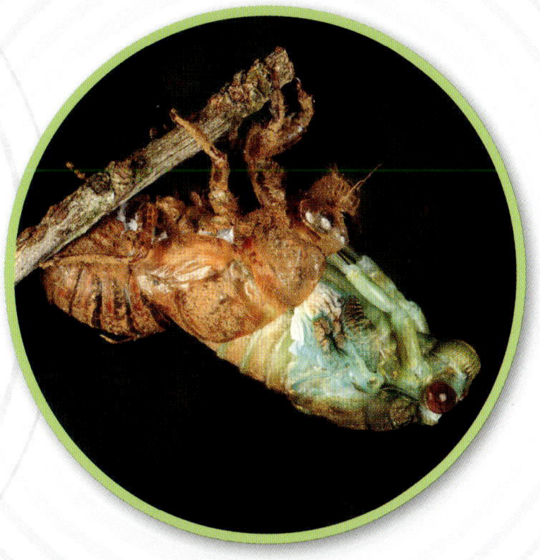

MINUSCOLI TERRORI 138

STORIE DI VITA 154

DK Penguin Random House

Senior Art Editor Smiljka Surla
Senior Editor Shaila Brown
Editors Ann Baggaley, Andrea Mills
Designers Tessa Jordens, Tannishtha Chakraborty, Samantha Richiardi
Managing Editor Paula Regan
Managing Art Editor Owen Peyton Jones
Producer, Pre-Production Jacqueline Street
Senior Producer Mary Slater
Jacket Design Development Manager Sophia MTT
Jacket Editor Claire Gell
Jacket Designer Mark Cavanagh, Suhita Dharamjit
Senior DTP Jacket Designer Harish Aggarwal
Picture Research Manager Taiyaba Khatoon
Picture Researcher Sakshi Saluja
Publisher Andrew Macintyre
Art Director Karen Self
Associate Publishing Director Liz Wheeler
Design Director Stuart Jackman
Publishing Director Jonathan Metcalf
Illustrator Arran Lewis

Prima pubblicazione in Gran Bretagna

80 Strand, London, WC2R 0RL

SUPERINSETTI

Titolo originale
Super Bug
Traduzione: Elisa Bartoli

In collaborazione con

Gribaudo - IF Idee editoriali Feltrinelli Srl
Socio Unico Giangiacomo Feltrinelli Editore Srl
via Andegari, 6 - 20121 Milano
www.feltrinellieditore.it/gribaudo/
info@gribaudo.it

Prima edizione 2017 [4(D)]
Seconda edizione 2018 [3(E)]
978-88-580-1742-5

Stampato in Cina

UN MONDO DI IDEE
www.dk.com

UNA STORIA DI SUCCESSI

Il nostro pianeta pullula di animali di ogni forma e dimensione. A catturare l'attenzione sono soprattutto i mammiferi più grandi, uccelli, rettili, anfibi e pesci, ma in realtà il loro numero è ampiamente superato da quello di creature molto più piccole: sono gli artropodi, esseri viventi spesso davvero minuscoli, eppure tra quelli di maggior successo evolutivo. Gli insetti furono anche i primi animali a volare: fu così che riuscirono a fuggire dai predatori e a conquistare nuove terre alla ricerca di cibo e di altri esemplari con cui riprodursi.

INCISO SULLA PIETRA

I fossili conservati nelle rocce mostrano come alcuni artropodi che vivono oggi intorno a noi siano cambiati pochissimo nel corso di centinaia di milioni di anni. Insetti come le libellule prosperavano ben prima della comparsa dei dinosauri e sopravvissero alla catastrofe che causò l'estinzione di questi giganti. Soltanto pochi altri animali hanno avuto tanto successo!

Antenati giganti

Questo fossile straordinariamente dettagliato rinvenuto in Cina è quello di una libellula vissuta 130 milioni di anni fa. Probabilmente svolazzava tra i dinosauri, eppure è quasi identica a molte libellule moderne.

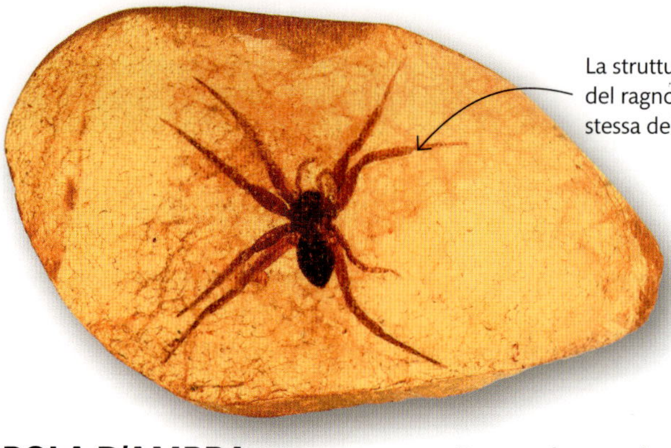

La struttura della zampa del ragno è proprio la stessa dei ragni di oggi.

TRAPPOLA D'AMBRA

Milioni di anni fa, la resina appiccicosa della corteccia degli alberi ha intrappolato molti animaletti. Con il tempo si è tramutata in ambra dura, conservando all'interno insetti completi di zampe, ali, apparato boccale e persino organi interni. Questi fossili eccezionali testimoniano l'esistenza di tutti i tipi principali di artropodi già 90 milioni circa di anni fa.

Ragno in vetrina

Ogni dettaglio di questo ragno si è conservato perfettamente per milioni di anni nell'ambra dura come una roccia. L'ambra è trasparente e gli studiosi possono vedervi attraverso per identificare le caratteristiche dell'animale e osservare le somiglianze con le specie moderne.

INSETTI INDISPENSABILI

A molti non piacciono e ne hanno persino paura. Alcuni insetti pungono, mordono o trasmettono malattie, e qualche specie può essere anche mortale, ma per milioni di anni sono stati una fonte di cibo vitale per altri animali, come questo gruccione, un uccello insettivoro. Sono fondamentali anche come impollinatori dei fiori: senza di loro molte piante, comprese alcune di cui ci nutriamo, non potrebbero esistere.

Le lunghe ali di questa antica libellula hanno la stessa struttura di quelle degli insetti moderni.

PICCOLE MERAVIGLIE

Molti artropodi scintillano di mille colori e il rigido scheletro esterno (esoscheletro) che li ricopre ha forme incredibili. Alcuni sono minuscoli, altri sono molto più grandi di quanto si possa immaginare. Il modo in cui vivono può essere sbalorditivo e qualche specie è estremamente pericolosa. Sono davvero dei superanimali!

RAGNO "ESCREMENTO DI UCCELLO" Questo ragno tropicale si mimetizza da escremento di uccello, e così nessuno di loro cercherà di mangiarlo.

PLATYCOTIS VITTATA Sia l'adulto (a sinistra) sia l'esemplare giovane di questo insetto fitomizo hanno il corpo splendidamente decorato e colorato.

BRUCHI DI ORGIA Come gran parte degli artropodi, questa falena si può riprodurre rapidamente deponendo centinaia di uova che contengono minuscoli bruchi.

COLEOTTERO GIRAFFA Alcuni insetti, come questo coleottero maschio, hanno sviluppato caratteristiche straordinarie per attirare potenziali partner.

COS'È UN ARTROPODE?

Il 97% di tutte le specie terrestri sono invertebrati, cioè animali senza colonna vertebrale. Alcune sono creature dal corpo morbido, come i vermi, ma perlopiù si tratta di animali chiamati artropodi, dotati di un esoscheletro rigido e di zampe articolate. Hanno il corpo molto diverso dal nostro, ma anche loro hanno bisogno di muoversi, mangiare, respirare e percepire il mondo che li circonda.

DENTRO UNA VESPA

La vespa è un tipo di insetto (il gruppo più grande degli artropodi). Tutti gli insetti adulti hanno la stessa struttura corporea composta da 3 sezioni, 3 paia di zampe articolate e, solitamente, 2 paia di ali. Gli organi interni hanno le stesse funzioni di quelle degli altri animali, ma la vespa ha anche un pungiglione appuntito.

Segmenti del corpo

Il corpo della vespa si divide in tre parti: il capo, il torace e l'addome. Il capo contiene il cervello e gli organi sensoriali. Nel torace si trovano i muscoli alari, l'addome ospita il cuore e l'intestino.

VISIONE E ALIMENTAZIONE

Gli artropodi devono potersi orientare e alimentare proprio come noi. Tuttavia, per farlo hanno sviluppato strumenti molto diversi: gli occhi degli insetti adulti, per esempio, sono composti da centinaia di lenti, e i ragni possiedono denti velenosi.

OCCHIO COMPOSTO Questo insetto ha gli occhi composti, cioè formati da molti minuscoli elementi, ognuno dotato di una sua lente. Ha anche 3 occhi semplici sulla fronte.

MASCELLE MORTALI Gli artropodi presentano diversi tipi di apparato boccale. Questo ragno ha delle appendici robuste, chiamate cheliceri, che terminano con denti affilati pronti a iniettare un veleno letale negli insetti sue prede.

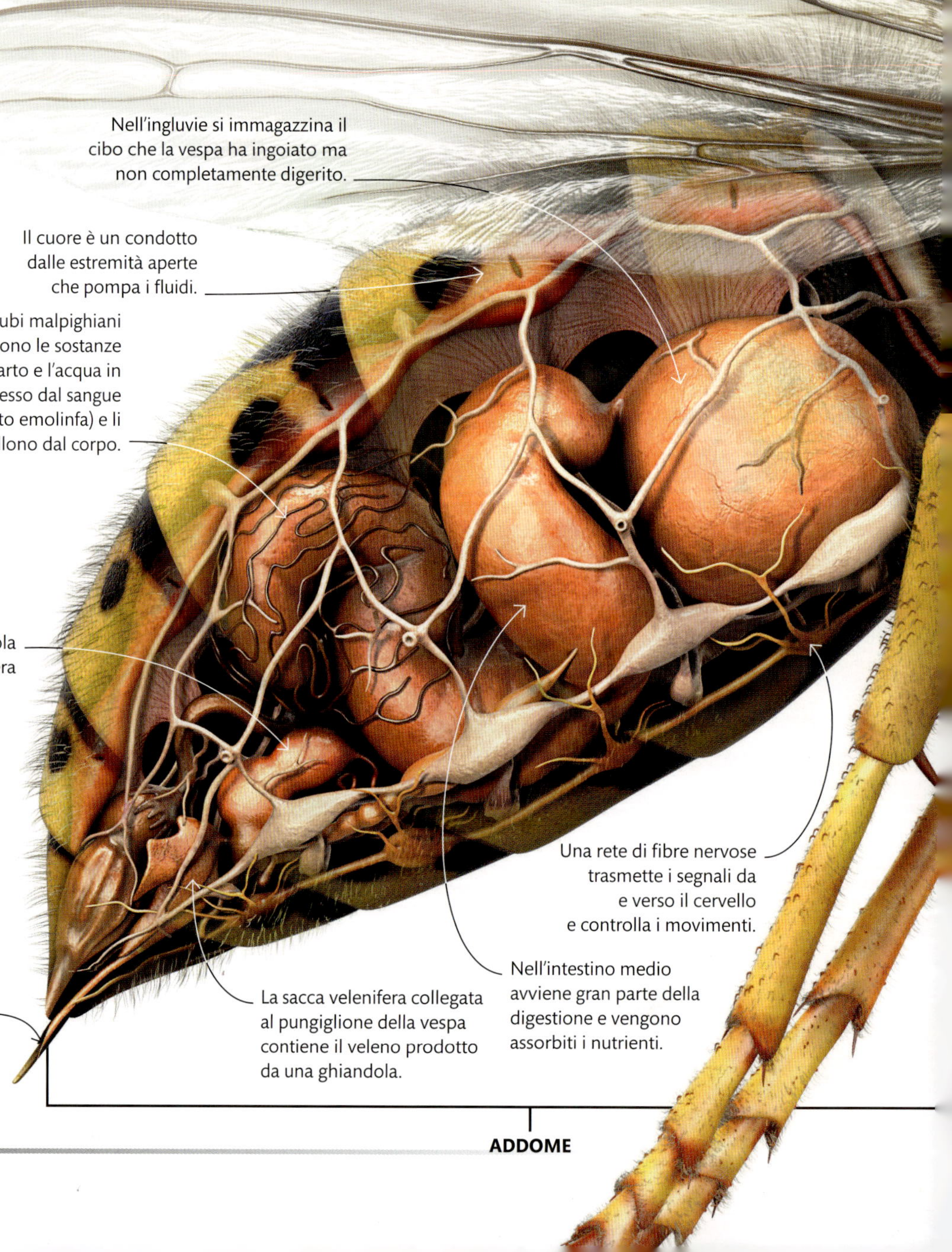

“Gli artropodi sono gli animali di maggior successo del pianeta.”

ESOSCHELETRO

L’esoscheletro degli artropodi è esterno e contiene i tessuti molli. È composto da un materiale simile alle unghie, chiamato chitina, e ha delle articolazioni mobili di chitina elastica. È impermeabile e aiuta a impedire la perdita di liquidi, cosicché molti insetti e ragni stanno bene nel deserto, dove invece gli invertebrati dal corpo molle non potrebbero sopravvivere.

RINCOTI

I rincoti sono insetti che si nutrono di cibo liquido usando un rostro lungo e tubolare. Quelli nella foto sono cimici tropicali *Tectocoris diophthalmus*, che succhiano la linfa zuccherina delle piante. Molti rincoti si nutrono invece dei liquidi di altri animali, anche di sangue umano.

TIPI DI ARTROPODI

Esistono molti tipi di artropodi: hanno tutti la stessa struttura corporea di base, rigida esternamente e articolata, ma variano per il numero delle sezioni e per quello delle zampe: i miriapodi ne hanno una grande quantità, gli aracnidi ne possiedono 8, gli insetti 6.

"L'80% di tutte le specie di animali conosciute sono artropodi."

CROSTACEI

I crostacei sono perlopiù animali marini, come i granchi e le aragoste. Ci sono diversi tipi di granchi che trascorrono molto tempo sulla terraferma, ma un gruppo, quello degli oniscidi, ci vive costantemente cercando luoghi umidi. I crostacei hanno un numero di zampe variabile, e alcuni oniscidi assomigliano a piccoli millepiedi.

CIRCA 67.000
SPECIE CONOSCIUTE

ONISCIDI

MIRIAPODI

CIRCA 13.000
SPECIE CONOSCIUTE

Comprendono i centopiedi e i millepiedi e hanno il corpo composto da una catena di segmenti identici. I centopiedi hanno un paio di zampe per segmento, i millepiedi ne hanno due. I primi sono cacciatori rapidi, muniti di denti velenosi, mentre i millepiedi si nutrono di piante e si spostano strisciando più lentamente.

MILLEPIEDI BIRMANO

RAGNO DELLA FAMIGLIA *TETRAGNATHIDAE*

RAGNI

I ragni sono aracnidi: artropodi a 8 zampe senza ali. Questi predatori cacciano insetti e altri ragni, spesso intrappolandoli in tele di seta. Hanno il corpo diviso in due sole sezioni e denti velenosi per uccidere le prede. Il morso di alcuni di loro è pericoloso anche per gli uomini.

CIRCA 46.000
SPECIE CONOSCIUTE

CIRCA 1.750
SPECIE CONOSCIUTE

SCORPIONI

Anche se gli scorpioni sono aracnidi, come i ragni, la forma del loro corpo è molto diversa, con tanto di chele robuste, più simili a quelle di un'aragosta, per afferrare la preda. Il loro tratto distintivo è un pungiglione posto sull'estremità della coda flessibile: è usato per difesa o per uccidere la preda. Alcuni scorpioni sono molto velenosi.

SCORPIONE *PANDINUS CAVIMANUS*

UROPIGIO

ALTRI ARACNIDI

Oltre ai ragni e agli scorpioni, gli aracnidi includono anche i solifugi, gli opilionidi, gli uropigi, gli acari e le zecche. Gli uropigi e i solifugi sono grossi e minacciosi ma di fatto sono innocui, mentre le zecche sono piccole ma si nutrono di sangue e alcune possono trasmettere malattie mortali.

CIRCA 96.000
SPECIE CONOSCIUTE

INSETTI

Gli insetti rappresentano più della metà delle specie terrestri conosciute e superano ampiamente il numero di tutti gli altri artropodi messi insieme. Sono incredibilmente vari, ma tutti gli adulti hanno 6 zampe e la maggior parte di loro ha le ali. Diversi pungono o mordono, alcuni trasmettono malattie, ma tanti altri sono innocui e di una bellezza mozzafiato.

CIRCA 900.000
SPECIE CONOSCIUTE

COLEOTTERO GIOIELLO

"Gli studiosi ritengono che esistano forse più di 10 milioni di specie di insetti sconosciute."

IN AZIONE

Avendo almeno 6 zampe, la maggior parte degli artropodi è ben equipaggiata per gli spostamenti, ma le forme giovanili delle mosche e di altri insetti ne sono del tutto sprovviste e devono strisciare come vermi. Molti possono nuotare nei corsi d'acqua ed esistono ragni e insetti che possono camminare sulla sua superficie. Alcuni, come le cavallette e le pulci, sono bravissimi a saltare. Ma, soprattutto, gli insetti sono stati i primi animali sulla Terra a padroneggiare l'arte del volo, e alcune specie sono davvero rapide e agili.

Via sempre più in alto

Il maggiolino è un coleottero tozzo e corazzato e non sembra ben attrezzato per il volo. Ma sotto la rigida copertura (le elitre) nasconde un paio di lunghe ali che gli consentono di prendere il volo in cerca di una compagna.

SPICCARE IL VOLO

La maggior parte degli insetti volanti ha 2 paia di ali collegate, ma per volare i coleotteri usano solo quelle posteriori. Quando non servono vengono ripiegate sotto quelle anteriori, modificate a formare le elitre protettive. In questo modo l'insetto può scavare e farsi strada tra le piante senza rischiare di danneggiarle. Per dispiegarle e decollare impiega appena un secondo.

Pronti... Per prepararsi al decollo, questo maggiolino apre le elitre che coprono le ali. Quando fa freddo, alcuni insetti fanno vibrare i muscoli alari per scaldarsi.

Partenza... Con le elitre aperte, può dispiegare le lunghe ali posteriori che usa per volare. Istintivamente, le sue antenne sensibili controllano le correnti d'aria.

Via! Spingendosi con le zampe spicca un salto; le ali posteriori forniscono la spinta per muoversi in avanti e le elitre generano portanza mentre prende velocità.

SALTI E RIMBALZI

Gli artropodi usano le zampe per camminare, correre e saltare. Alcuni sono superveloci, altri invece si spostano lentamente. Per una fuga più rapida questa cavalletta usa i potenti muscoli delle zampe posteriori e spicca grandi salti, lunghi anche 20 volte il suo corpo.

Con la spinta improvvisa delle sue lunghe zampe posteriori, la cavalletta salta via, lontano dal pericolo.

"Gli insetti hanno iniziato a volare 150 milioni di anni prima del primo uccello."

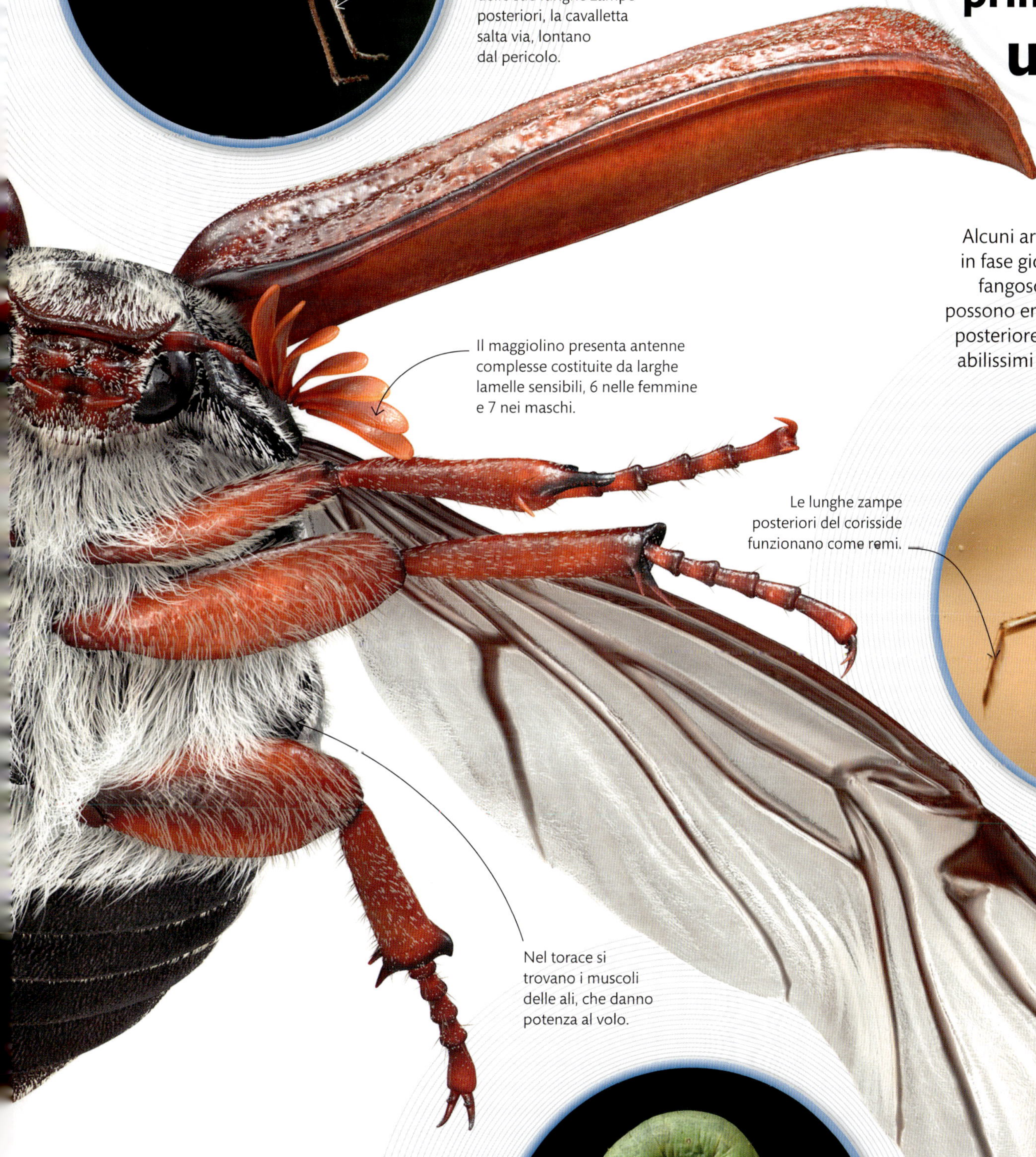

Il maggiolino presenta antenne complesse costituite da larghe lamelle sensibili, 6 nelle femmine e 7 nei maschi.

Nel torace si trovano i muscoli delle ali, che danno potenza al volo.

A NUOTO

Alcuni artropodi vivono sott'acqua, specie in fase giovanile. Molti strisciano sul fondo fangoso, come le larve di libellula, che possono emettere getti di acqua dall'estremità posteriore per sfuggire ai pericoli. Altri sono abilissimi nuotatori, come questo corisside.

Le lunghe zampe posteriori del corisside funzionano come remi.

LENTI PROGRESSI

Il modo di procedere di alcuni artropodi è davvero insolito. Aggrappato a un ramoscello con le 6 zampe anteriori, questo bruco di geometride inarca il corpo e trascina la coda. Poi si aggancia con le tozze zampe posteriori e si distende, pronto a fare il prossimo passo.

Il bruco di geometride non ha zampe nella parte centrale del corpo.

CACCIATORE SUI PATTINI

Quasi tutti gli artropodi sono di piccole dimensioni e possono spostarsi in modi impossibili per animali più grandi e pesanti. Questo ragno pescatore va a caccia pattinando sulla superficie di pozze di acqua. È coperto da una peluria vellutata e idrorepellente, in modo da restare a galla sfruttando la tensione superficiale. Individua le prede percependo le increspature sull'acqua, le afferra con le zampe anteriori e le uccide con un morso velenoso.

LA CRESCITA

Quando un artropode cresce il suo rigido esoscheletro non si può allargare: l'animale è costretto a rompere il vecchio rivestimento per espandersi con una pelle nuova e morbida. Per molti di loro questo processo è difficile e pericoloso, poiché quando sono morbidi sono vulnerabili. Per questo molte specie fanno la muta al buio o comunque lontano da occhi indiscreti.

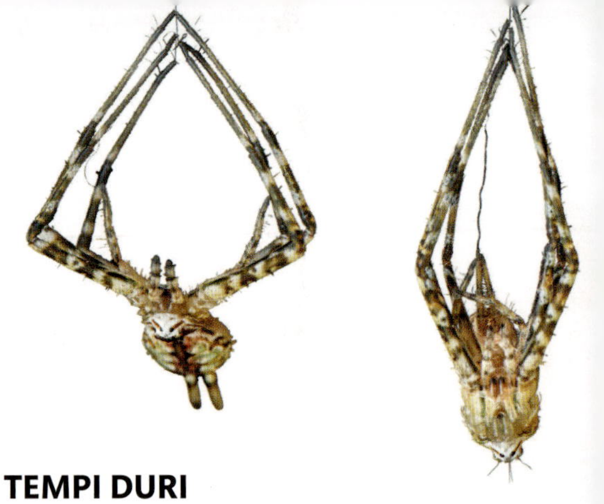

TEMPI DURI

Per crescere gli artropodi devono fare la muta: la vecchia cuticola (pelle) si separa da quella nuova e si spacca, permettendo all'animale di fuoriuscire. Questo poi deve pompare aria o liquidi per allargare la cuticola morbida prima che si indurisca. Ci vorranno circa 2 ore perché la cuticola si trasformi in un nuovo esoscheletro rigido, e in questa fase l'animale è molto vulnerabile agli attacchi: è privo di protezione e non può fuggire.

La locusta del deserto sviluppa gli abbozzi alari nel quarto stadio della crescita.

LE PROVE DELLA VITA

Molti animali nascono come una versione in miniatura dei propri genitori e pian piano diventano più grandi; anche molti artropodi fanno così: quando ragni e scorpioni vengono alla luce il loro corpo è quasi uguale a quello della madre, completo delle 8 zampe. Per questo la muta diventa un'operazione molto complicata.

Mamma scorpione

I piccoli di scorpione appena nati vengono trasportati sul dorso della mamma che così li tiene al sicuro dai predatori.

I piccoli di scorpione hanno 8 zampe, un paio di chele e un minuscolo pungiglione.

RICOSTRUZIONE COMPLETA

Farfalle, falene, mosche e molti altri piccoli insetti non iniziano la vita come ninfe, ma nascono in forma di larve dalla pelle morbida, chiamate bruchi. Il loro corpo a forma di salsiccia permette una muta più facile e sicura. Passano il tempo mangiando e crescendo prima che il corpo si ricostruisca completamente nella forma adulta alata.

Il bruco della monarca pienamente cresciuto si attacca a un ramo con un filo di seta.

La pelle del bruco si stacca e rivela quella morbida e verde della pupa.

Stadio 1: uovo

Il ciclo vitale della farfalla si compone di 4 stadi. Inizia in forma di piccolo uovo, di solito deposto dalla femmina su un tipo particolare di pianta. Questa farfalla monarca le depone su piante di asclepiade.

Stadio 2: larva

L'uovo si schiude rivelando un minuscolo bruco dal corpo morbido: la larva di farfalla. Questa per prima cosa mangia il guscio vuoto, poi passa a masticare le foglie di asclepiade, e più mangia più cresce: fa la muta 4 volte prima di raggiungere la dimensione massima.

Stadio 3: pupa

Quando il bruco è cresciuto del tutto, smette di mangiare e fa una quinta muta, in cui la pelle si stacca rivelando la pupa; in questo stadio il corpo della monarca si trasforma in farfalla: ci vogliono circa 2 settimane.

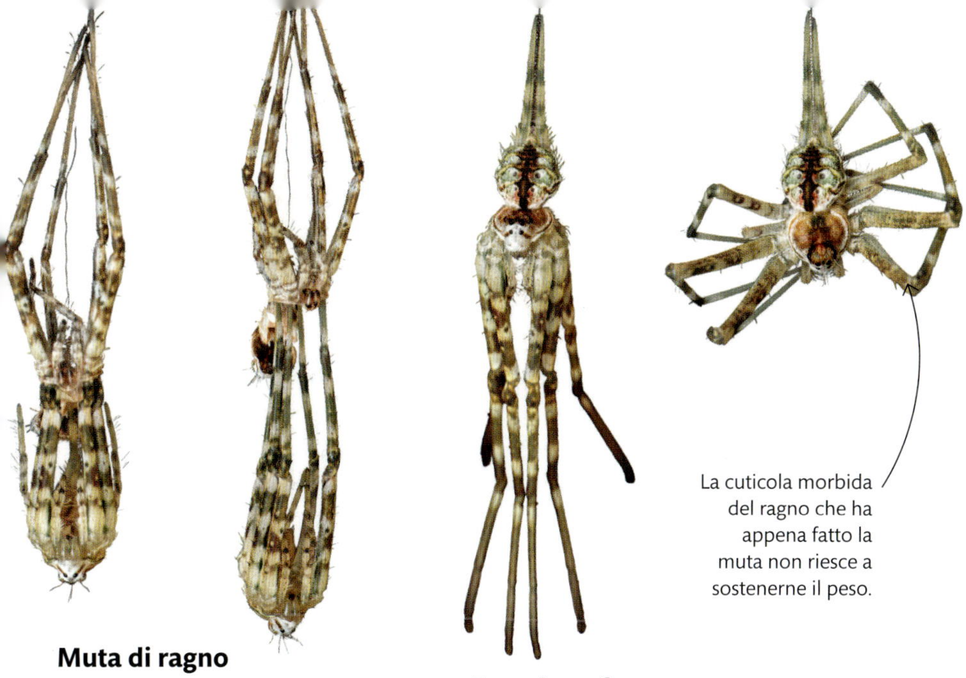

La cuticola morbida del ragno che ha appena fatto la muta non riesce a sostenerne il peso.

Muta di ragno

Durante la crescita il ragno deve sostituire più volte il suo esoscheletro. Ogni volta deve estrarre tutte le parti del corpo badando a non danneggiare la cuticola nuova, che è morbida, e a non spezzarsi una zampa. Non è facile, e molti muoiono durante il processo senza raggiungere l'età riproduttiva.

Fase dopo fase

Ragni e scorpioni non cambiano molto con la crescita. Alcuni insetti hanno stadi di sviluppo simili, ma crescendo cambiano gradualmente forma. Una locusta, per esempio, sviluppa lentamente le ali, che saranno del tutto completate nello stadio finale.

STILI DI VITA ALTERNATIVI

Nei primi stadi di vita della locusta, l'animale si chiama ninfa: anche se ha l'aspetto di un adulto e vive nello stesso modo, non può volare. Le ninfe di alcuni insetti invece vivono in modo diverso: quelle di libellula stanno nell'acqua, e attraversano diverse fasi di crescita prima di emergere e fare l'ultima muta (nella foto), per diventare adulte.

La pupa si accorcia e la pelle protettiva diventa più liscia e dura.

La pupa si spacca e la nuova farfalla si apre un varco per uscire.

La pelle della pupa lascia intravedere le ali in via di sviluppo.

All'inizio il corpo sembra troppo grosso rispetto alle ali, ma presto comincia a cambiare forma.

Il fluido pompato nelle ali le fa allargare, e la trasformazione è completa.

Stadio 4: adulto

Quando la farfalla adulta è completamente formata dentro la pupa, la pelle esterna si spacca, la farfalla esce fuori e distende le ali al massimo prima che si induriscano. Si tratta dello stadio finale della sua vita: non farà altre mute.

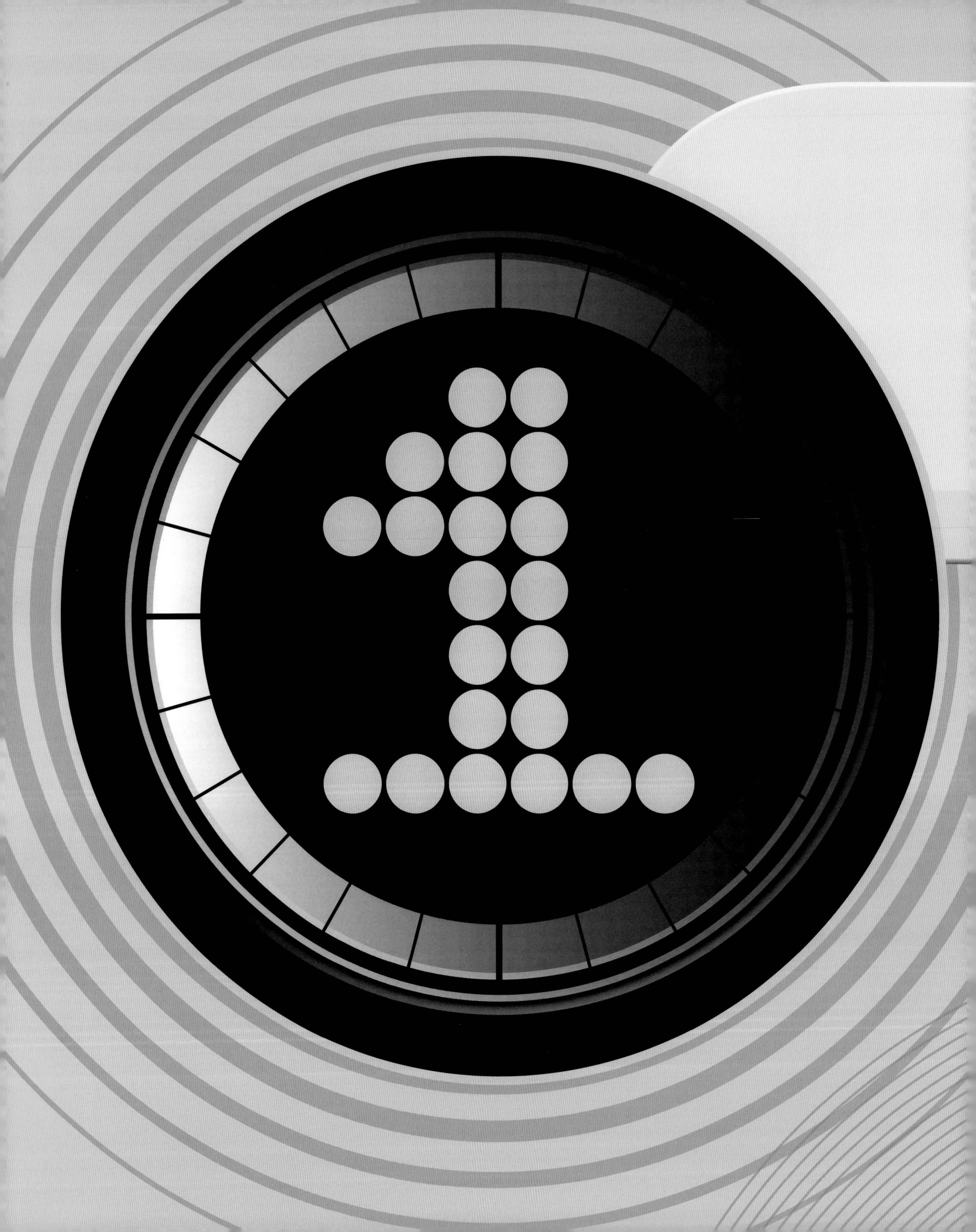
1

ANATOMIA FORMIDABILE

Gli artropodi possono essere piccoli, ma guardandoli da vicino scoprirete quanto siano incredibili. Il loro corpo assume spesso forme sbalorditive, con adattamenti straordinari per la sopravvivenza. E mentre alcuni passano inosservati grazie alle loro abili capacità mimetiche, altri si distinguono dalla massa scintillando come gioielli viventi.

GETTO BOLLENTE

COLEOTTERO BOMBARDIERE AFRICANO

Il coleottero bombardiere africano sembra innocuo, ma ha un'arma segreta: una sorta di cannone chimico sulla coda che spara un getto tossico e bollente in grado di ustionare qualunque animale lo attacchi; può puntare lo spruzzo con incredibile precisione sul suo nemico per infliggergli il massimo danno.

ARMA CHIMICA

Quando il coleottero bombardiere si sente minacciato, le sostanze chimiche contenute in due sacche elastiche poste nell'estremità della coda passano in due camere corazzate; qui si mescolano con uno speciale enzima che innesca la reazione chimica. Il miscuglio bollente viene poi sparato da un ugello mobile con uno scoppio rumoroso.

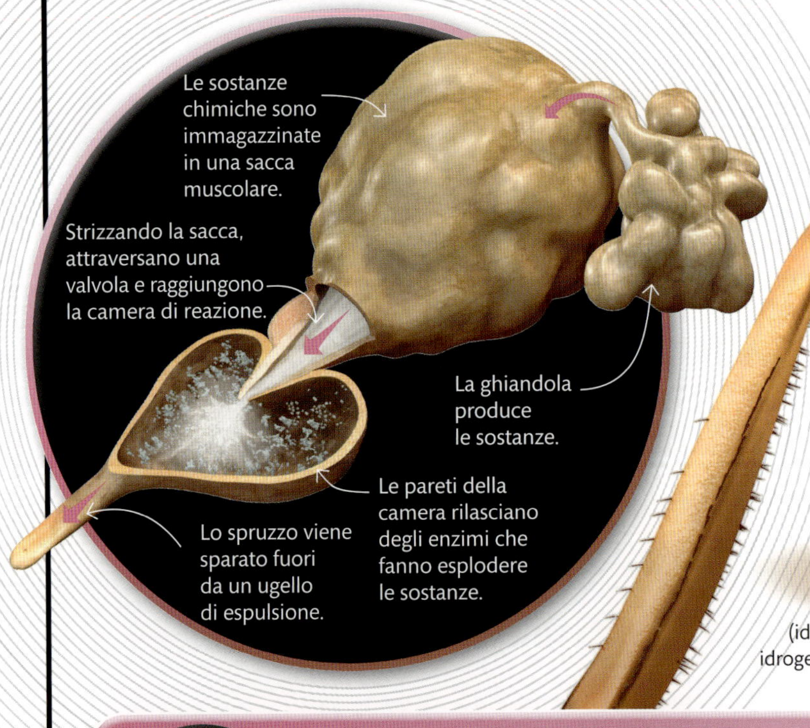

DATI E STATISTICHE

CIRCA 500 SPECIE

I coleotteri bombardieri si trovano quasi ovunque sul pianeta e hanno sviluppato uno dei meccanismi di difesa più esplosivi del mondo animale.

TEMPERATURA DELLO SPRUZZO
Massimo 100 °C

VELOCITÀ DI EMISSIONE DELLO SPRUZZO
2,5–20 m/sec

DISTANZA RAGGIUNTA DALLO SPRUZZO
Fino a 30 cm per un coleottero lungo 2 cm

cm: 10, 20, 30, 40
in: 4, 8, 12

VITA DELL'ADULTO
5–6 SETTIMANE

Coleotteri roventi

Molte specie di piccoli coleotteri di tutto il mondo hanno sviluppato questo tipo di difesa chimica. Ma a differenza di alcuni, il coleottero bombardiere africano è in grado di puntare il getto tossico con estrema precisione in quasi tutte le direzioni.

ATTACCO BRUCIANTE

Il coleottero bombardiere africano può roteare l'ugello posto sulla punta dell'addome per scaricare il suo spruzzo difensivo direttamente su chi lo attacca. Grazie ai minuscoli deflettori simili a scudi con cui aggiusta la direzione, oltre che all'indietro può sparare sopra il dorso o tra le zampe. Il miscuglio chimico bollente è abbastanza forte da paralizzare una formica o un ragno che tenta di attaccarlo.

"Lo spruzzo fuoriesce a 500 impulsi al secondo."

A COLPO D'OCCHIO

- **DIMENSIONI** 2 cm di lunghezza
- **HABITAT** boschi e praterie
- **DISTRIBUZIONE** Africa, a sud del Sahara
- **DIETA** altri insetti e animali simili, come ragni

DIFESA A SPIRALE

Quando è in pericolo, il millepiedi si raggomitola in una spirale serrata in modo che la corazza protegga la parte inferiore del corpo. I colori di questo millepiedi tropicale avvertono gli uccelli che il suo corpo può emanare secrezioni maleodoranti.

POTERE ALLE ZAMPE

MILLEPIEDI DI FUOCO

I millepiedi hanno più zampe di qualunque altro animale sul pianeta: alcuni ne hanno più di 700, ma nessuno arriva ad averne mille. Il loro corpo allungato è suddiviso in molti segmenti circolari corazzati, ognuno dotato di 2 paia di zampe. Questo grosso millepiedi di fuoco (*Aphistogoniulus corallipes*) vive nelle foreste tropicali del Madagascar. Come la maggior parte dei millepiedi, si nutre soprattutto di piante secche o marcescenti: malgrado tutte quelle zampe, è troppo lento per catturare altri animali!

A COLPO D'OCCHIO

- **DIMENSIONI** fino a 18 cm di lunghezza, con un massimo di 63 segmenti corporei
- **HABITAT** foreste tropicali, sul terreno e su piante a bassa crescita
- **DISTRIBUZIONE** Madagascar
- **DIETA** materiale vegetale marcescente, come foglie

DATI E STATISTICHE

CIRCA 12.000 SPECIE

I millepiedi si trovano in tutto il mondo. Si muovono lentamente, ma sono potenti scavatori: alcuni riescono a farsi strada facilmente nel terreno più secco e duro.

VITA DELL'ADULTO 10 ANNI

NUMERO DI ZAMPE

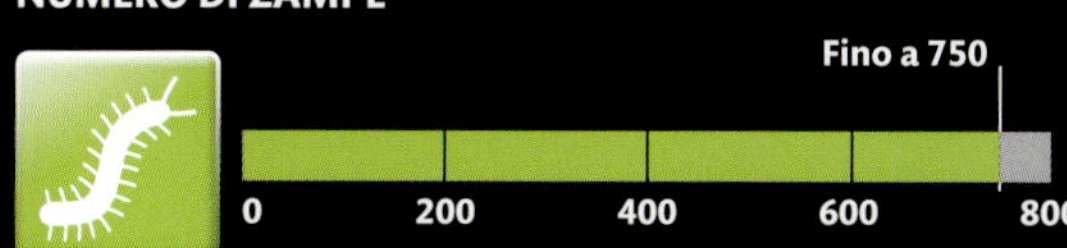

UOVA

Una femmina depone fino a 300 uova per volta.

APPENA NATO

Ha 3 paia di zampe, che aumentano con la crescita.

ANIMALE DA RECORD

Lungo fino a 40 cm, il millepiedi gigante africano è il più lungo del mondo.

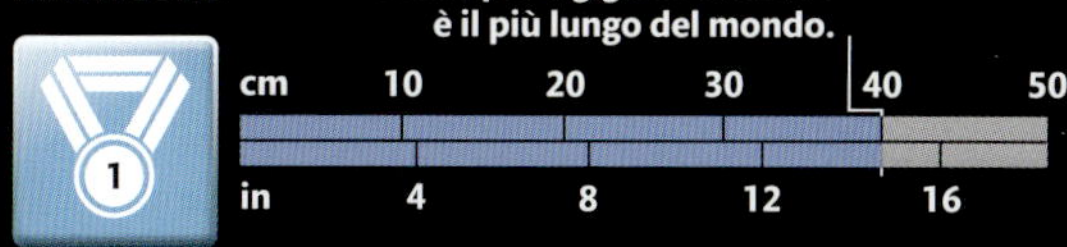

IL RAGNO PIÙ GRANDE

DIFESA PELOSA

La Golia ha i denti veleniferi rivolti verso il basso come tutte le tarantole, mentre di solito i ragni li hanno a forma di pinza, uno verso l'altro. Per l'uomo il suo veleno fa male quanto una puntura di vespa. Come autodifesa può pure strofinare il corpo rilasciando una nube di minuscoli peli urticanti.

RAGNO EXTRA-LARGE

TARANTOLA GOLIA

La tarantola Golia è il ragno più grande del mondo: le sue robuste zampe pelose possono allargarsi fino a coprire una pagina di questo libro! Di notte si aggira furtivo nella foresta in cerca di grossi insetti, lucertole, e di tanto in tanto qualche serpente. I suoi enormi denti cavi possono iniettare nella preda una dose di veleno paralizzante ma, per sopraffare e uccidere le sue vittime, l'animale si affida più spesso alla sola forza dei muscoli. Di giorno si ritira nella sua tana sotterranea per tenersi al sicuro dai nemici.

A COLPO D'OCCHIO

- **DIMENSIONI** corpo 12-14 cm di lunghezza
- **HABITAT** foresta pluviale tropicale
- **DISTRIBUZIONE** Sud America
- **DIETA** vermi, insetti, rane, piccoli rettili e roditori

DATI E STATISTICHE

CIRCA 900 SPECIE

Le tarantole sono grossi predatori che popolano le regioni tropicali e subtropicali. Esiste anche una tarantola europea, ma appartiene a una famiglia di ragni diversa.

DURATA DELLA VITA 25 ANNI

APERTURA DELLE ZAMPE

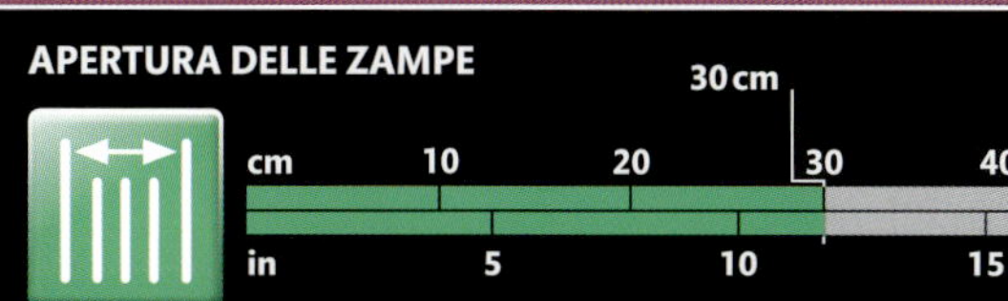

LUNGHEZZA DEI DENTI

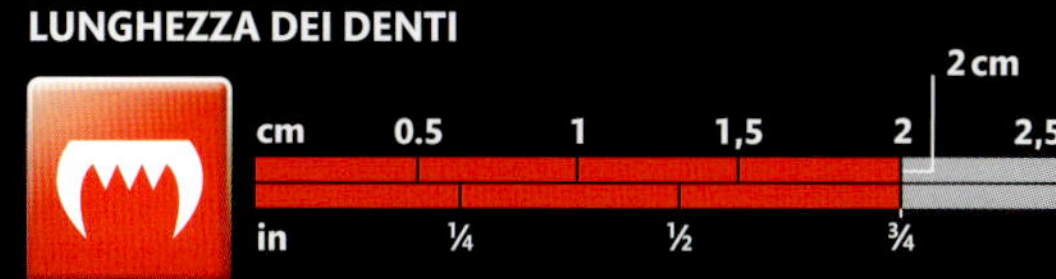

PESO

Fino a 170 g

ATTIVITÀ

La tarantola è un cacciatore notturno solitario.

IMPROVVISAMENTE IL BLU

MORFO BLU

Il blu scintillante e iridescente delle farfalle tropicali *Morpho* è uno degli spettacoli più straordinari della natura: è l'effetto del riflesso della luce del sole a creare questa tonalità blu elettrico, che a ogni battito d'ali lampeggia a intermittenza.

"La morfo blu è una delle farfalle **più grandi** del mondo."

Meraviglia alata

Molte farfalle hanno colori brillanti, ma poche hanno l'incredibile impatto visivo delle *Morpho* tropicali. I maschi sono di un colore più vivace, che spicca vivido quando si esibiscono in volo per difendere il proprio territorio.

PICCOLE SCAGLIE

Come si può osservare in questa immagine di ala di morfo blu, le ali di molte farfalle sono coperte di minuscole scaglie disposte a strati come le tegole di un tetto. Queste presentano microscopiche creste che, disperdendo la luce riflessa, creano l'effetto iridescente e metallizzato.

DATI E STATISTICHE

29 SPECIE

Molte specie di farfalle *Morpho* vivono nelle foreste tropicali del Centro e Sud America, ma non tutte hanno questo blu acceso.

APERTURA ALARE

Varia da 7,5 a 20 cm

cm 5 10 15 20 30

in 2 4 6 8

DIFESA

Se minacciata, secerne un odore sgradevole da una ghiandola posta tra le zampe anteriori.

STATO DI CONSERVAZIONE

Le farfalle *Morpho* sono gravemente minacciate dalla riduzione di habitat e dall'eccessivo collezionismo.

VITA DELL'ADULTO

2–3 SETTIMANE

SEGRETO

La pagina inferiore delle ali delle morfo blu presenta un colore marrone spento con macchie a forma di occhio: in tal modo l'insetto si mimetizza perfettamente nella luce screziata della foresta tropicale, nascondendosi agli uccelli e agli altri predatori.

A COLPO D'OCCHIO

- **DIMENSIONI** apertura alare fino a 15 cm
- **HABITAT** foresta pluviale tropicale
- **DISTRIBUZIONE** Centro America e Sud America settentrionale
- **DIETA** gli adulti si nutrono del succo di frutta marcia e di fluidi di animali morti e carcasse; i bruchi mangiano foglie

LA GUERRA DEI BRUCHI

I bruchi di *Morpho* sono coperti da una fine peluria che irrita la pelle e li protegge dai potenziali nemici. Si cibano delle foglie di piante leguminose, ma se ci sono troppi bruchi sulla stessa pianta nutrice è probabile che si attacchino e si mangino a vicenda.

AL RIPARO

Alcuni opilioni vivono insieme perché è più sicuro che stare da soli. Questo gruppo nella foresta tropicale della Costa Rica usa una foglia per proteggersi dalla pioggia: ogni goccia d'acqua è grande quanto il corpo dell'animale.

TUTTO ZAMPE

OPILIONE

Sembrano ragni dalle zampe molto lunghe, ma gli opilioni sono un tipo di animale diverso: anche se sono parenti e hanno 8 zampe, hanno il corpo a forma di fagiolo con due soli occhi sul capo. Hanno un paio di robuste mandibole (i cheliceri) simili a quelle dei ragni ma prive di denti velenosi, a forma di pinza, usate per raccogliere e ridurre il cibo in piccoli pezzi prima di ingoiarlo. Gli opilioni trovano di che nutrirsi usando soprattutto l'olfatto e tastando il terreno con il loro secondo paio di zampe extra-lunghe.

A COLPO D'OCCHIO

- **DIMENSIONI** lunghezza del corpo fino a 7 mm
- **HABITAT** foresta, sottobosco e prateria
- **DISTRIBUZIONE** in tutto il mondo, tranne l'Antartide
- **DIETA** insetti, piante, funghi e materiale secco

DATI E STATISTICHE

CIRCA 6.500 SPECIE

Gli opilioni hanno gli arti così lunghi che sembrano camminare sui trampoli. Spesso si puliscono le zampe passandole tra le mandibole.

DURATA DELLA VITA 1 ANNO

APERTURA DELLE ZAMPE

Fino a 34 cm

cm 10 20 30 40

in 4 8 12

COLONIE

Gli opilioni possono vivere in gruppi fino a 70.000 individui.

ATTIVITÀ

Sono attivi principalmente di notte.

DIFESA

Perdono le zampe, si nascondono tra i detriti, emettono un odore sgradevole o ondeggiano su e giù.

REPERTI FOSSILI

Sono stati ritrovati dei fossili risalenti a 400 milioni di anni fa.

INSETTO GIGANTESCO

WETA GIGANTE

IL PIÙ PESANTE

La Nuova Zelanda è la patria di alcuni degli insetti più grandi del mondo: i weta giganti. Il più grosso di questi grilli inabili al volo può raggiungere le dimensioni di un topo. È così grande e pesante che non riesce a fuggire dai pericoli saltando, perciò cerca di spaventare i nemici sibilando come un serpente. Aveva pochi nemici prima che gli europei colonizzassero il Paese, introducendo gatti, ratti e altri predatori che hanno reso i weta giganti animali rari; il più grande di tutti ora si trova soltanto sull'isola Little Barrier, al largo della costa settentrionale.

A COLPO D'OCCHIO

- **DIMENSIONI** corpo fino a 10 cm di lunghezza
- **HABITAT** foresta, di solito sugli alberi
- **DISTRIBUZIONE** Nuova Zelanda
- **DIETA** foglie, muschio, fiori e frutta

DATI E STATISTICHE

CIRCA **11** SPECIE DI WETA GIGANTI

Il termine weta viene dalla lingua indigena Maori. Il weta gigante si chiama wetapunga, che significa "il dio delle cose brutte".

DURATA DELLA VITA **2** ANNI

SVILUPPO

Lunghezza appena nato 0,5 cm

cm 2 4 6 8 10

in 1 2 3

Lunghezza da adulto 7-10 cm

PESO

Può raggiungere 71 g.

UOVA

La femmina depone fino a 300 uova nell'arco della vita.

MUTA

I giovani in crescita fanno la muta 10 volte.

STATO DI CONSERVAZIONE

A rischio di estinzione per riduzione di habitat e predatori.

APPARATO BOCCALE MASTICATORE

Esistono almeno 70 specie di weta, di cui 11 giganti, tutte presenti solo in Nuova Zelanda. La maggior parte di quelle più piccole si nutre di altri insetti, i weta giganti invece di foglie e muschio. Hanno mascelle robuste e un morso potente, ma sono timidi e si vedono solo di notte, quando escono in cerca di cibo.

FARFALLA FUORI MISURA

FARFALLA DELLA REGINA ALESSANDRA

L'apertura alare di questa spettacolare farfalla tropicale è più grande di quella di molti uccelli. Vola alta tra le chiome degli alberi succhiando il nettare dai fiori di piante rampicanti leggermente velenose, su cui la femmina depone anche le uova. Quando queste si schiudono i bruchi si nutrono della pianta ospite assumendone il veleno: in tal modo avranno un sapore orribile che li proteggerà dai predatori.

A COLPO D'OCCHIO

- **DIMENSIONI** lunghezza del corpo fino a 8 cm; apertura alare fino a 28 cm
- **HABITAT** foresta pluviale tropicale planiziale
- **DISTRIBUZIONE** Papua Nuova Guinea orientale
- **DIETA** i bruchi mangiano il fogliame delle rampicanti di *Aristolochia*; gli adulti si nutrono del nettare dei fiori, di solito della stessa pianta

DATI E STATISTICHE

CIRCA 36 SPECIE ALI DI UCCELLO

Le farfalle "dalle ali di uccello" vivono solo in Oriente, dall'India all'Australia settentrionale.

VITA DELL'ADULTO 3 MESI

STATO DI CONSERVAZIONE

Tre specie sono a rischio estinzione per la riduzione di habitat e il bracconaggio.

UOVA

Fino a 240 uova deposte nell'arco dei 3 mesi di vita.

VELOCITÀ DI VOLO

Fino a 15 km/h

km/h 5 10 15 20

mph 5 10

LA FARFALLA PIÙ GRANDE

MASCHIO SCINTILLANTE

La farfalla maschio ha una colorazione molto più vivace della femmina, che è più grande, ma principalmente marrone con macchie bianche sulle ali. I maschi corteggiano le femmine librandosi in aria sopra di loro con le lunghe ali iridescenti e rilasciando un dolce profumo.

"Questa farfalla dalle ali di uccello è una delle più rare del mondo."

L'INSETTO INAFFONDABILE

INSETTO PATTINATORE

L'insetto pattinatore è così leggero che può camminare sull'acqua. La tensione superficiale che mantiene unite le molecole d'acqua forma infatti una pellicola elastica, abbastanza resistente da sostenere il peso di questa esile creatura. Altri animali invece vi rimangono intrappolati e diventano facili prede per l'insetto pattinatore, che sfreccia sull'acqua per attaccarli.

Zampe specializzate

L'insetto pattinatore sembra avere solo 2 paia di zampe, ma ne ha un altro paio anteriori più corte, che usa per catturare le prede. L'animale pattina sull'acqua con le 2 lunghe zampe medie e vira con le 2 posteriori.

ZAMPE PELOSE

Le zampe dell'insetto pattinatore sono coperte da una peluria vellutata che cattura minuscole bolle d'aria impedendo agli arti di bagnarsi e di rimanere invischiati nella pellicola superficiale. Il pelo infatti fa semplicemente flettere la superficie dell'acqua, come se l'insetto stesse su un trampolino. Anche il resto del corpo dell'animale è coperto da una peluria simile, che lo rende inaffondabile.

L'insetto pattinatore usa le zampe medie come fossero remi per spingersi in avanti sull'acqua.

Le zampe dell'insetto pattinatore percepiscono le increspature dell'acqua, che tradiscono la presenza di un animale in difficoltà.

DATI E STATISTICHE

CIRCA 500 SPECIE

Nel mondo si trovano insetti pattinatori molto simili; tanti vivono in ambienti di acqua dolce, ma qualcuno anche negli oceani caldi.

SVILUPPO

mute	1ª	2ª	3ª	4ª	5ª (Adulto)
giorni	4	8	13	20	29

UOVA

La femmina depone fino a 200 uova "incollandole" su piante acquatiche.

ANIMALE DA RECORD

L'insetto pattinatore gigante ha il corpo lungo 5 cm, ma ha zampe di 30 cm.

DURATA DELLA VITA

6-8 MESI

“L’insetto pattinatore si muove a 1,5 m al secondo: veloce come un battito di ciglia.”

Il corpo leggero e sottile è coperto da una peluria che non lo fa affondare.

Le zampe anteriori, corte e robuste, servono per afferrare la preda.

Una formica intrappolata nella pellicola superficiale dell’acqua è una facile preda.

A COLPO D’OCCHIO

- **DIMENSIONI** circa 1 cm
- **HABITAT** stagni, laghi, fiumi e ruscelli
- **DISTRIBUZIONE** Europa
- **DIETA** piccoli animali sulla superficie dell’acqua

CAMMINA SULL’ACQUA

ROSTRO TOSSICO

Come tutti i rincoti, l’insetto pattinatore non ha mandibole, ma un rostro affilato. Con questo inietta nella preda una dose di saliva tossica che scioglie i tessuti molli all’interno dell’esoscheletro: li riduce cioè in forma liquida in modo da poterli bere.

L'INSETTO PIÙ LUMINOSO

LUCCIOLA

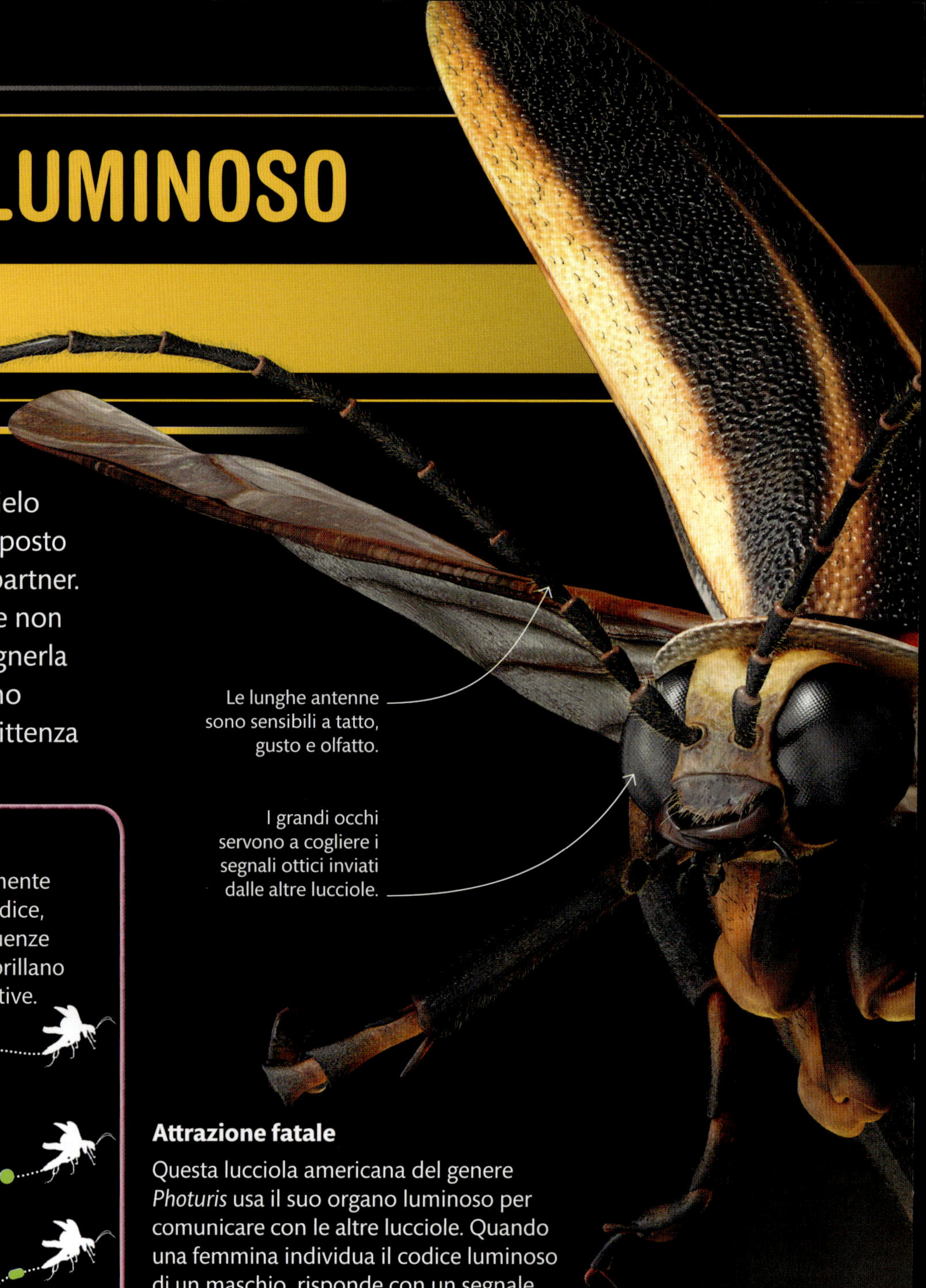

Pochi insetti sono così sorprendenti come le lucciole: questi coleotteri volanti brillano nel cielo notturno grazie a uno speciale organo luminoso posto sull'estremità della coda che attrae le potenziali partner. La luce si attiva grazie a una reazione chimica che non genera calore, e la lucciola può accenderla e spegnerla a piacimento. Quando molte lucciole si illuminano al buio seguono un particolare schema di intermittenza che contraddistingue le varie specie.

Le lunghe antenne sono sensibili a tatto, gusto e olfatto.

I grandi occhi servono a cogliere i segnali ottici inviati dalle altre lucciole.

SCHEMI DI INTERMITTENZA

Nel Nord America ci sono molte specie di lucciole strettamente imparentate. Ognuna si illumina secondo uno specifico codice, che consente di riconoscersi tra di loro. Alcune usano sequenze di brevi lampi inframezzati da pause lunghe e corte, altre brillano più a lungo, creando stupende scie luminose nelle notti estive.

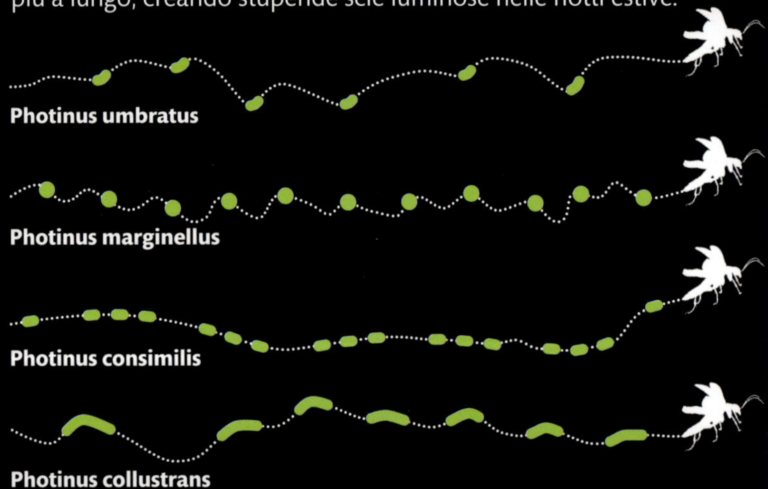

Attrazione fatale

Questa lucciola americana del genere *Photuris* usa il suo organo luminoso per comunicare con le altre lucciole. Quando una femmina individua il codice luminoso di un maschio, risponde con un segnale preciso. Ma può anche riprodurre il segnale di una femmina del genere *Photinus* per attirare un maschio, farlo atterrare e mangiarselo.

PREDE CON IL GUSCIO

Le larve di molte lucciole sono molto voraci e si nutrono di lumache: le afferrano con un paio di mandibole affilate e iniettano dei succhi digerenti che liquefanno i tessuti della preda per poterli bere. Questa è la larva di un lampiride europeo, un tipo di lucciola.

DATI E STATISTICHE

CIRCA **2.000** SPECIE

Le lucciole vivono in tutto il mondo. Le femmine di alcune specie non possono volare.

EFFICIENZA ENERGETICA
Il 98% dell'energia utilizzata dall'organo luminoso delle lucciole diventa luce.

DIFESA
Il corpo della lucciola contiene delle tossine che lo rendono disgustoso.

CICLO VITALE
La lucciola vive 1 anno come larva, 2 settimane come pupa, il resto da adulto.

LUCE
La luce prodotta dalle lucciole può essere gialla, arancione o verde.

VITA DELL'ADULTO: 8 SETTIMANE

"L'organo luminoso della lucciola è due volte più efficiente di una luce a LED."

A COLPO D'OCCHIO

- **DIMENSIONI** 2,5 cm di lunghezza
- **HABITAT** boschi, praterie e acquitrini
- **DISTRIBUZIONE** Nord America
- **DIETA** le larve mangiano lumache e limacce; gli adulti altre lucciole

COME FUNZIONA

La parte inferiore dell'addome della lucciola è rivestito di cellule che contengono due sostanze chimiche, la luciferina e la luciferasi, che si illuminano a contatto con l'ossigeno. Questo è trasportato attraverso delle trachee che possono essere chiuse da segnali nervosi: in questo modo si spegne la luce.

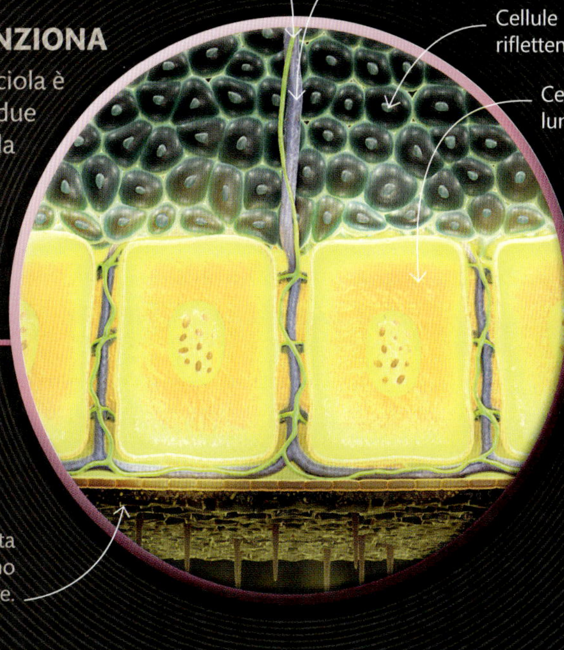

BAGLIORI NELLA NOTTE

Alcune specie di lucciole delle zone più calde del pianeta, come il Sudest asiatico, vivono in colonie che si illuminano tutte insieme, tipo lampi intermittenti. Questa luce sincronizzata può far brillare un albero intero con migliaia di luci giallo-verdi, che poi si spengono. Gli studiosi si interrogano ancora sul motivo per cui queste lucciole si accendono tutte insieme, creando questo effetto spettacolare.

IMITATORI DI FOGLIE

Le fronde di questo albero tropicale sembrano normali, ma guardando bene proprio in primo piano ci sono 3 insetti foglia attaccati ai rami. Per completare il travestimento oscillano lentamente al vento, esattamente come le foglie vere.

MAESTRO NEI TRAVESTIMENTI

INSETTO FOGLIA MALESE

Gli insetti foglia hanno sviluppato la forma di mimetismo più spettacolare del regno animale. Parenti degli insetti stecco, hanno il corpo appiattito verde o marrone quasi identico a una foglia, con tutte le nervature e persino con macchie scure che imitano una superficie fogliare danneggiata. Anche le zampe hanno delle placche larghe che sembrano resti di foglie mangiucchiate da insetti. Questo sbalorditivo travestimento li aiuta a proteggersi dagli uccelli che, anche quando scrutano il fogliame in cerca di cibo, non si accorgono della loro presenza tra le fronde.

A COLPO D'OCCHIO

- **DIMENSIONI** 5-10 cm
- **HABITAT** foreste tropicali
- **DISTRIBUZIONE** Malesia
- **DIETA** foglie

DATI E STATISTICHE

CIRCA 54 SPECIE

Gli insetti foglia si trovano dall'Asia meridionale all'Australia.

VITA DELL'ADULTO 7 MESI

UOVA

Una femmina può deporre fino a 500 uova nell'arco della vita.

ATTIVITÀ

L'insetto foglia spesso si nutre di notte, quando è più difficile individuarlo.

CAMBIAMENTO DI COLORE

All'inizio i giovani insetti foglia sono rosso scuro.

Il colore degli adulti varia dal verde al marrone giallastro.

TRASFORMISTA IN CIMA ALL'ALBERO

INSETTO STECCO GIGANTE

L'insetto stecco gigante è il più lungo del pianeta: può superare il mezzo metro di lunghezza, quanto il vostro braccio dal polso alla spalla! Come tutti gli insetti stecco ha il corpo superaffusolato: è una forma di mimetismo che gli consente di nascondersi camuffandosi da uno dei ramoscelli su cui vive. Durante il giorno si muove di rado, se non per oscillare al vento seguendo il ritmo del fogliame circostante, perfezionando così la sua "copertura". L'esemplare qui raffigurato è un *Acrophylla titan*, uno degli insetti più lunghi dell'Australia.

L'INSETTO PIÙ LUNGO

A COLPO D'OCCHIO

- **DIMENSIONI** lunghezza del corpo fino a 27 cm; con le zampe allungate 34 cm
- **HABITAT** zone boschive
- **DISTRIBUZIONE** Australia nordorientale
- **DIETA** foglie di alberi come cipressi, acacie, eucalipti e altre piante

DATI E STATISTICHE

CIRCA 2.400 SPECIE

Gli insetti stecco si trovano nelle regioni più calde del pianeta.

VITA DELL'ADULTO 3 ANNI

ANIMALE DA RECORD

L'insetto stecco più piccolo misura circa 1,1 cm.

cm 10 20 30 40 50 60

in 4 8 12 16 20

Il più lungo è di 56 cm (con le zampe anteriori allungate).

DIFESA

Alcune specie si fingono morte, perdono un arto, emettono cattivo odore o attaccano.

UOVA

Alcuni insetti stecco possono deporre fino a 2.000 uova.

LOCALIZZA LE FOGLIE

Al calare della notte l'*Acrophylla titan* lascia la sua postazione diurna e sale sull'albero in cerca di cibo. È raro che debba andare lontano poiché si nutre di foglie che mastica fino a ridurle in poltiglia con le mandibole robuste e affilate.

UN COMPITO SPECIALE

Anche le formiche del miele vivono in colonie controllate dalla regina, l'unica in grado di riprodursi, curata dalle operaie che creano il nido e raccolgono il cibo. Queste formiche che fungono da "magazzino" sono operaie specializzate.

RISERVE DI CIBO VIVENTI

FORMICHE DEL MIELE

Queste formiche australiane sono così gonfie di cibo che possono solo stare appese al soffitto del loro nido sotterraneo. Non hanno mangiato troppo: vengono usate come riserve di cibo viventi dalle altre formiche della colonia, che le nutrono con nettare, fluidi di altri animali e acqua finché il loro corpo si gonfia come un palloncino. Possono rimanere così per molti mesi, sempre pronte per i periodi in cui cibo e acqua scarseggiano. A quel punto le altre formiche vengono a nutrirsi del liquido zuccherino del loro corpo e la colonia può sopravvivere finché non sarà nuovamente facile trovare altro cibo.

A COLPO D'OCCHIO

- **DIMENSIONI** formiche operaie 6 mm di lunghezza
- **HABITAT** praterie tropicali e deserti
- **DISTRIBUZIONE** Australia
- **DIETA** nettare dei fiori, frutta e altri insetti

DATI E STATISTICHE

CIRCA 34 SPECIE

Le formiche del miele vivono in luoghi in cui spesso è difficile reperire il cibo, come il deserto.

VITA DI UNA COLONIA: IN MEDIA 10 ANNI

COLONIA

Fino a 15.000 individui compongono una colonia, a seconda della specie.

UOVA

La regina può deporre fino a 1.500 uova al giorno.

PESO

Le formiche gonfie sono 100 volte più pesanti delle altre operaie.

PILOTA AUTOMATICO

Le due antenne di questo esemplare maschio di pavonia maggiore sono coperte di sensori chimici: quando una delle due percepisce un odore più forte dell'altra, la falena automaticamente si gira da quella parte per puntare il bersaglio.

ANTENNE SUPERSENSIBILI

PAVONIA MAGGIORE

Le antenne piumate della pavonia maggiore maschio sono estremamente sensibili a un particolare tipo di odore portato dal vento: quello emanato da una falena femmina appena nata. Riescono a percepire una quantità anche minima di questa sostanza, chiamata feromone, da distanze incredibili. In questo modo può rintracciare la femmina e accoppiarsi per dare alla luce una nuova generazione di falene. Questo è l'unico scopo della vita di una pavonia adulta, poiché non può mangiare e vive appena un mese.

A COLPO D'OCCHIO

- **DIMENSIONI** apertura alare fino a 15 cm
- **HABITAT** aperta campagna con arbusti bassi
- **DISTRIBUZIONE** Europa e Asia occidentale
- **DIETA** gli adulti non si nutrono; i bruchi mangiano foglie di piante legnose

DATI E STATISTICHE

CIRCA **18** SPECIE

Oltre che in Europa e Asia, la pavonia si trova anche in Nord America.

VITA DELL'ADULTO **4** SETTIMANE

UOVA
La femmina produce fino a 100 uova in grappoli di 20.

CRESCITA
L'uovo impiega 10-30 giorni per schiudersi.

OLFATTO
Percepisce gli odori a 10 km di distanza.

DIFESA
Le grosse macchie ocellari sulle ali della falena possono allontanare i predatori.

IL COLEOTTERO PIÙ GRANDE

SCARABEO ERCOLE

Il possente scarabeo Ercole è uno degli insetti più grandi del pianeta: alcuni esemplari maschi superano i 15 cm di lunghezza! Questo grazie al suo grande corno che sporge dalla sezione anteriore del corpo; ne ha uno simile sul capo, e quando solleva la testa i corni si chiudono come fossero una pinza. L'animale li usa per i combattimenti con i maschi rivali.

DATI E STATISTICHE

CIRCA 9 SPECIE

Lo scarabeo Ercole appartiene a un gruppo di coleotteri così potenti da prendere il nome da antiche divinità greche come Titano, Atlante e Golia.

PESO

La larva pesa fino a 140 g

L'adulto pesa fino a 86 g

UOVA

La femmina depone 50-100 uova.

SVILUPPO

La larva impiega 1-2 anni per svilupparsi in un coleottero adulto.

VITA DELL'ADULTO: 3-5 MESI

"Lo scarabeo Ercole può sollevare pesi oltre **85 volte** superiori al suo."

Potente e rumoroso

Lo scarabeo Ercole è incredibilmente forte, ma non solo: può essere anche molto rumoroso. Quando è minacciato da un predatore, emette degli stridii sibilanti strofinando le elitre sull'addome.

A COLPO D'OCCHIO

- **DIMENSIONI** fino a 17 cm di lunghezza
- **HABITAT** foreste pluviali tropicali
- **DISTRIBUZIONE** America centrale e meridionale
- **DIETA** le larve mangiano legno marcio; gli adulti frutti caduti

INCONTRO DI LOTTA

Gli scarabei Ercole maschi si affrontano per la conquista delle femmine come fossero lottatori di sumo: i due contendenti cercano di afferrare l'avversario serrando i lunghi corni come una pinza; chi ci riesce può sollevare facilmente il rivale e scaraventarlo lontano.

CONTENDENTI PESANTI

Lo scarabeo Ercole pesa anche di più nel suo stadio larvale, quando si nutre di legno marcio. Altri coleotteri tropicali, se riescono a nutrirsi a sufficienza prima di diventare adulti, possono essere persino più pesanti: possono infatti crescere soltanto quando sono larve dal corpo morbido.

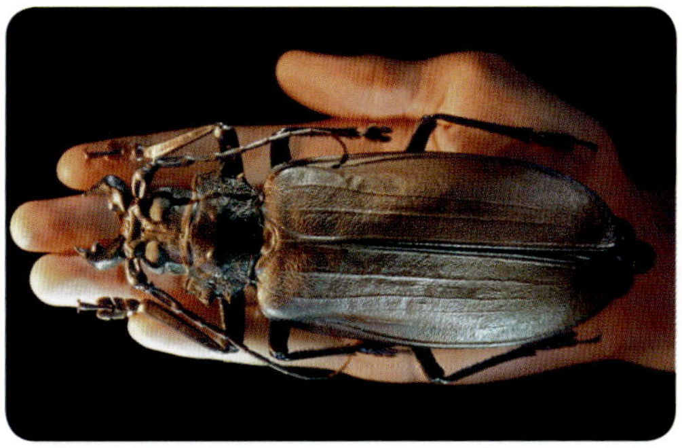

SCARABEO TITANO Questo scarabeo sudamericano è il più grosso del pianeta. Anche se è lungo circa quanto lo scarabeo Ercole, ha un corpo molto più grande e pesante.

SCARABEO GOLIA Raggiunge gli 11 cm di lunghezza, ed è perciò più corto dello scarabeo Ercole, ma questo insetto originario dell'Africa centrale ha una struttura corporea molto più massiccia e pesa circa 100 g.

COLEOTTERO IN VOLO

Nonostante il suo peso, lo scarabeo Ercole è molto abile in volo. Questo maschio ha aperto le elitre, rivelando le delicate ali posteriori che gli consentono di darsi la spinta in aria. L'animale sembra sbilanciato, ma i lunghi corni sono molto leggeri. Le elitre allargate funzionano come le ali di un aeroplano, aiutando a generare portanza quando lo scarabeo batte le ali posteriori per volare.

"Gli scienziati studiano il volo dei coleotteri applicando loro dei minuscoli computer."

MORSO VELENOSO

CENTOPIEDI GIGANTE

Il centopiedi gigante dell'Amazzonia è un terribile predatore in grado di uccidere una tarantola con un solo morso velenoso delle sue mandibole simili a denti (forcipule). È quasi cieco, ma individua le prede grazie all'olfatto e al tatto. In questo modo può cacciare nell'oscurità.

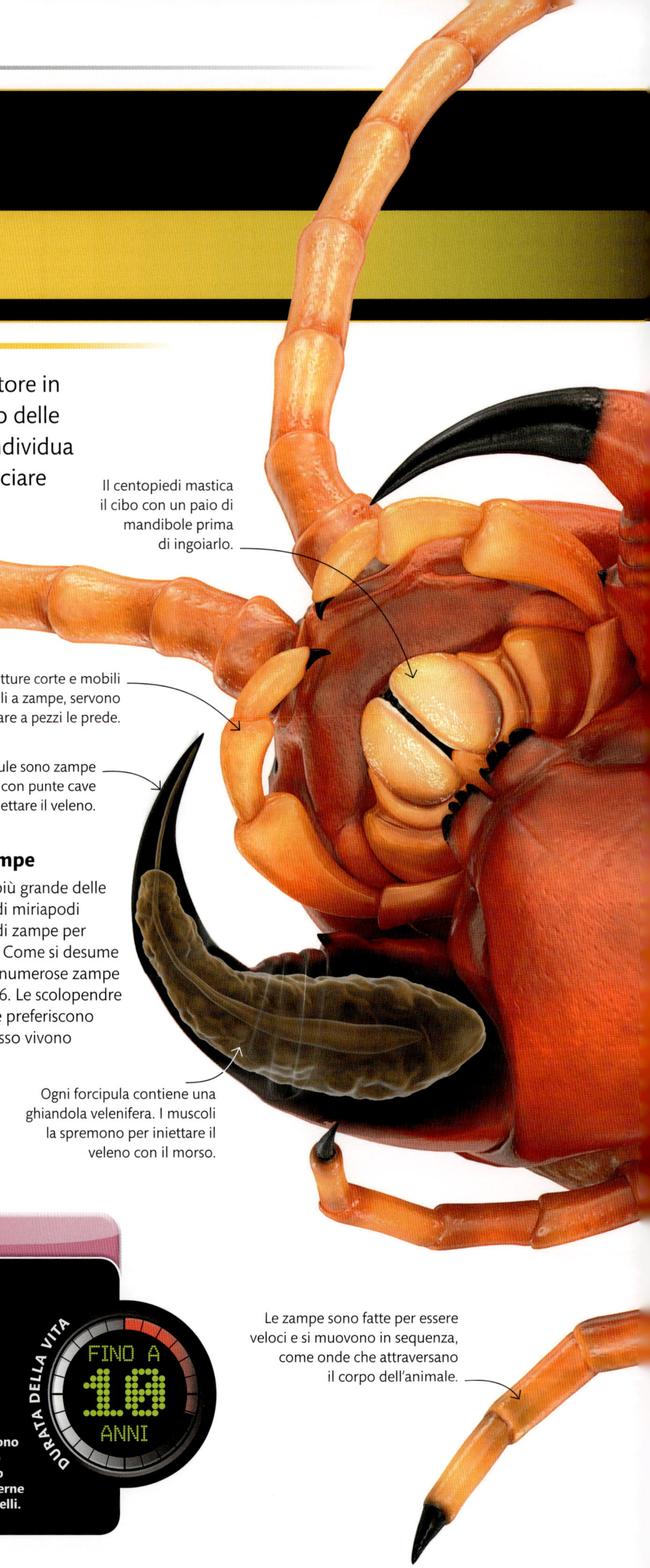

A COLPO D'OCCHIO

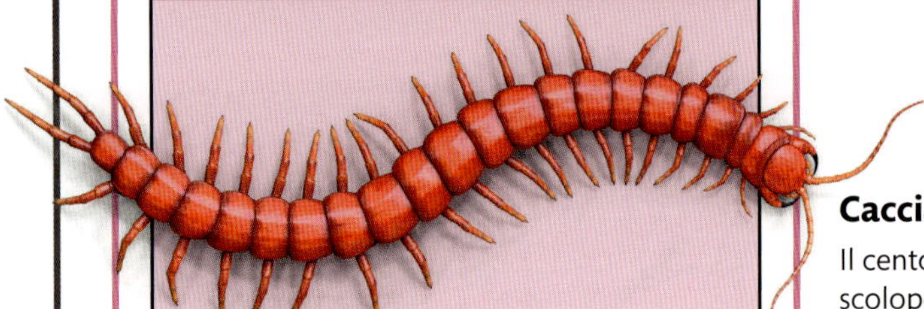

- **DIMENSIONI** fino a 30 cm di lunghezza
- **HABITAT** foreste tropicali
- **DISTRIBUZIONE** Sud America settentrionale
- **DIETA** altri animali, tra cui insetti, ragni, lucertole, rane, topi, pipistrelli e piccoli uccelli

Cacciatore multi-zampe

Il centopiedi gigante è il più grande delle scolopendre, un gruppo di miriapodi caratterizzati da un paio di zampe per ogni segmento corporeo. Come si desume dal nome, l'animale ha sì numerose zampe ma non 100: ne ha solo 46. Le scolopendre sono cacciatori rapidi che preferiscono i luoghi bui e umidi e spesso vivono nel sottosuolo.

DATI E STATISTICHE

CIRCA 3.000 SPECIE

Migliaia di specie di scolopendre vivono in tutto il mondo. Poche di queste sono grandi quanto il centopiedi gigante, ma alcune hanno più zampe.

NUMERO DI ZAMPE

UOVA

La femmina depone fino a 60 uova, che protegge fino alla schiusa.

ATTIVITÀ

Le scolopendre sono attive soprattutto di notte. Cacciano persino nelle caverne in cerca di pipistrelli.

DURATA DELLA VITA: FINO A 10 ANNI

PASTO A BASE DI INSETTI

La scolopendra afferra la preda con le sue forcipule potenti e affilate e inietta una dose mortale di veleno. Tiene stretta la presa con le zampe finché il veleno non fa effetto e la vittima muore. A questo punto la fa a pezzi con i palpi, che affondano nella cuticola dura degli insetti. Mentre mangia, da due grosse ghiandole salivarie secerne un fluido, cominciando in tal modo a digerire il boccone.

"Il centopiedi gigante è un predatore formidabile che può persino uccidere un pipistrello in volo."

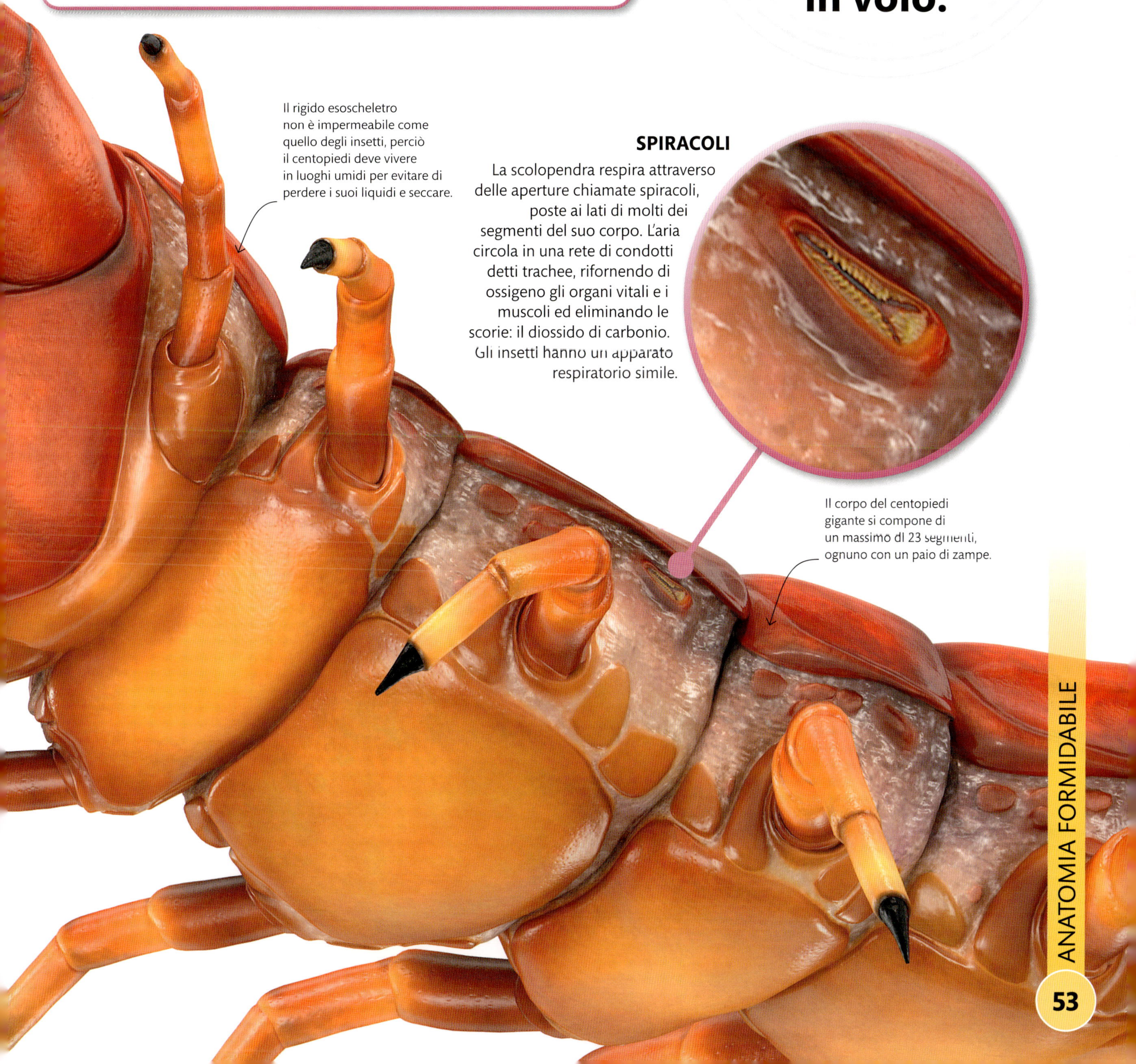

Il rigido esoscheletro non è impermeabile come quello degli insetti, perciò il centopiedi deve vivere in luoghi umidi per evitare di perdere i suoi liquidi e seccare.

SPIRACOLI

La scolopendra respira attraverso delle aperture chiamate spiracoli, poste ai lati di molti dei segmenti del suo corpo. L'aria circola in una rete di condotti detti trachee, rifornendo di ossigeno gli organi vitali e i muscoli ed eliminando le scorie: il diossido di carbonio. Gli insetti hanno un apparato respiratorio simile.

Il corpo del centopiedi gigante si compone di un massimo di 23 segmenti, ognuno con un paio di zampe.

DIETA INTOSSICANTE

La farfalla di vetro si nutre di nettare che contiene composti chimici velenosi per altri animali, poi trasforma il veleno in una sostanza che le dà un cattivo sapore: in questo modo si protegge dagli uccelli e da altri predatori affamati. Anche i bruchi mangiano piante tossiche, ottenendo lo stesso effetto.

ALI TRASPARENTI

FARFALLA DI VETRO

Le ali di molte farfalle sono coperte da scaglie sovrapposte come le tegole di un tetto, responsabili del loro colore e del loro disegno. La farfalla di vetro è diversa: ha le scaglie solo sul bordo delle ali, mentre il resto della superficie è trasparente come vetro. Questa speciale trasparenza è dovuta a microscopiche strutture che non riflettono la luce e impediscono che l'ala brilli al sole. In questo modo la farfalla diventa quasi invisibile ai suoi nemici.

A COLPO D'OCCHIO

- **DIMENSIONI** fino a 3 cm di lunghezza, con apertura alare di 6 cm
- **HABITAT** foresta pluviale tropicale
- **DISTRIBUZIONE** America centrale
- **DIETA** la larva mangia foglie; l'adulto succhia il nettare

DATI E STATISTICHE

CIRCA 30 SPECIE

Queste farfalle vivono soprattutto nelle foreste tropicali del Centro e Sud America.

VITA DELL'ADULTO FINO A 12 SETTIMANE

MIGRAZIONE

Le specie migratorie possono coprire fino a 12 km al giorno.

km 5 10 15 20
miglia 4 8 12

VELOCITÀ

Possono volare a 13 km/h per brevi periodi di tempo.

km/h 5 10 15 20
mph 4 8 12

INSETTO DAGLI OCCHI LUNGHI

Quando nascono, i diopsidi non hanno questi lunghi steli oculari. Per farli crescere pompano aria nella testa, in modo che si allunghino come antenne telescopiche. Tutti gli esemplari ne sono dotati, ma quelli dei maschi sono molto più lunghi.

UNA GARA "OCCHIO PER OCCHIO"

DIOPSIDE

Gli occhi di questi straordinari insetti si trovano sulle estremità di lunghi steli sottili. Questa caratteristica singolare è fondamentale per l'accoppiamento, poiché le femmine preferiscono chi ha gli "steli oculari" più lunghi, ritenendolo un segno di forza. Essendone consapevoli, i maschi si sfidano testa a testa per eleggere il vincitore: quello con gli steli più corti si fa da parte, e in questo modo si riproducono i maschi più "dotati", che trasmetteranno ai piccoli i loro occhi incredibili.

A COLPO D'OCCHIO

- **DIMENSIONI** lunghezza del corpo fino a 12 mm
- **HABITAT** spesso in luoghi umidi vicino ai corsi d'acqua
- **DISTRIBUZIONE** Asia sudorientale
- **DIETA** funghi e batteri che crescono sulla vegetazione marcescente

DATI E STATISTICHE

CIRCA 150 SPECIE

I diopsidi vivono in Asia e in Africa, ma due specie si trovano anche in Nord America e una in Europa.

VITA DELL'ADULTO 200 GIORNI

DISTANZA STELI OCULARI

Gli occhi sono a circa 1,5 cm di distanza.

cm 0,5 1 1,5 2

in ¼ ½ ¾

UOVA

La femmina depone 4-6 uova al giorno per un massimo di 6 mesi.

VISTA

Questo insetto incredibile ha un campo visivo di 360°.

CACCIATORE NOTTURNO

Come molti suoi parenti, questo uropigio vive nelle foreste calde e umide dell'Asia sudorientale e di solito caccia di notte. Sente la preda nel buio con le zampe anteriori lunghe e sottili, prima di afferrarla e schiacciarla tra le chele.

ATTACCO ACIDO

UROPIGIO

Attenti all'uropigio! Questa creatura dall'aspetto minaccioso è un aracnide, parente dei ragni e degli scorpioni; ha 8 zampe e una coda lunga, simile a una frusta. Con quelle chele e l'aspetto minaccioso sembra pericoloso, ma non ha né il pungiglione né denti velenosi. Se viene attaccato si difende spruzzando acido acetico da una ghiandola posta alla base della coda affusolata. Se l'acido colpisce gli occhi del nemico, causa una cecità temporanea che consente all'uropigio di fuggire.

A COLPO D'OCCHIO

- **DIMENSIONI** fino a 5 cm di lunghezza esclusa la coda
- **HABITAT** foreste, praterie e deserti
- **DISTRIBUZIONE** Asia meridionale e sudorientale, Nord e Sud America, Africa
- **DIETA** soprattutto insetti, ma anche vermi e lumache

DATI E STATISTICHE

CIRCA 100 SPECIE

Gli uropigi di questo tipo vivono soprattutto nell'America tropicale e in Estremo Oriente.

DURATA DELLA VITA 7 ANNI

DISTANZA DELLO SPRUZZO

Gli uropigi possono colpire con precisione fino a 30 cm.

cm 10 20 30 40
in 4 8 12

UOVA

La femmina porta fino a 40 uova in una sacca sotto l'addome.

ATTIVITÀ

Gli uropigi si nascondono sotto terra o tra i detriti ed escono di notte per cacciare.

INGANNO FORMIDABILE

SESIA APIFORME

Le strisce gialle e nere di solito sono un avvertimento e sottintendono una cosa: la presenza di un pungiglione doloroso. Ma questo insetto non può pungere e non può mordere: è una falena innocua, che però gli uccelli affamati scambiano per un calabrone. Persino le sue antenne spesse e le ali trasparenti sono come quelle dei vespidi. L'unica cosa che manca al suo spettacolare travestimento è l'esile vitino di vespa, ma la sesia non deve ingannare a lungo il nemico: dopo mesi di vita in forma di bruco scava-legno, la falena adulta non sopravvive che qualche giorno.

A COLPO D'OCCHIO

- **DIMENSIONI** apertura alare fino a 5 cm
- **HABITAT** sopra e vicino a pioppi e salici
- **DISTRIBUZIONE** Europa
- **DIETA** le larve scavano negli alberi di pioppo e di salice nutrendosi del legno; gli adulti non mangiano

DATI E STATISTICHE

CIRCA 22 SPECIE

Le falene che si mimetizzano da vespe si trovano in tutto il mondo.

VITA DELL'ADULTO CIRCA 10 GIORNI

SVILUPPO

Vita media in anni, dalla larva all'adulto.

anni ½ 1 1½ 2 2½

UOVA

La femmina depone circa 1.000 uova.

ATTIVITÀ

Le sesie sono attive soprattutto di giorno.

“Quando una creatura **innocua** imita una specie molto **più pericolosa**, si parla di mimetismo batesiano.”

UN PO' DI RIPOSO

Quando la falena emerge dal bozzolo, all'inizio dell'estate, prima di volare resta a lungo ferma su un albero. La forma adulta non può mangiare: basta che viva abbastanza per accoppiarsi e deporre le uova.

MUSO SUPER

BALANINO DEL NOCCIOLO

I curculionidi sono coleotteri specializzati, spesso dotati di un muso molto allungato e di una insolita struttura corporea. Il muso affusolato e ricurvo del balanino del nocciolo femmina è lungo quanto il resto del corpo, un adattamento speciale per scavare buchi profondi nel guscio delle nocciole, in cui depone le uova.

Il muso del balanino del nocciolo ha un minuscolo paio di mandibole che usa per nutrirsi e forare le nocciole.

A COLPO D'OCCHIO

- **DIMENSIONI** circa 8 mm
- **HABITAT** noccioli nei boschi
- **DISTRIBUZIONE** Europa
- **DIETA** gemme, foglie e frutti del nocciolo

TRAPANA-NOCI

Esistono varie specie strettamente imparentate tra loro specializzate nel forare le noci, tra cui il balanino del nocciolo. Quello nella foto preferisce le ghiande (i semi della quercia).

DATI E STATISTICHE

CIRCA 60.000 SPECIE

I curculionidi si trovano in tutto il mondo. Si sono perlopiù specializzati per nutrirsi di un unico tipo di pianta.

UOVA

La femmina depone fino a 30 uova.

0 5 10 15 20 25 30 35

PARASSITI DI COLTURE

Molti curculionidi danneggiano le colture, per esempio il riso.

PARASSITI IN CASA

I curculionidi si trovano anche nei cereali e nella farina.

VITA DELL'ADULTO 2-3 MESI

"La **lunghezza** e la **forma** del muso variano enormemente in base alla specie."

Le robuste zampe artigliate sono ideali per arrampicarsi tra il fogliame.

L'albero della vita

Il balanino del nocciolo trascorre tutta la sua vita su un unico tipo di pianta: appunto il nocciolo. L'adulto si nutre di gemme e foglie, la femmina depone le uova nelle nocciole. Le larve mangiano il frutto, poi escono e scavano una buca nel terreno, dove si trasformeranno in adulti.

CURCULIONIDI STRANI

Molti curculionidi hanno una forma del corpo particolare, colori e disegni vivaci o ciuffi di setole simili a peli.

EUPHOLUS Si trovano nelle foreste tropicali della Nuova Guinea e sono coperti di minuscole scaglie crestate di colore blu-verde iridescente che scintillano ai raggi del sole.

PUNTERUOLO ROSSO DELLA PALMA Questo grosso curculionide rosso ruggine è una delle tante specie diventate un problema per le colture. Le larve scavano buchi profondi nelle palme fino a farle morire.

LARINUS STURNUS Il corpo peloso di questo curculionide (che come molti altri non ha un nome comune) è maculato di giallo acceso. Vive in Europa, nei campi erbosi.

LIXUS BARBIGER Le setole vivacemente colorate sul dorso di questo curculionide del Madagascar lo aiutano forse ad attirare i potenziali partner.

CORPO SUPERSOTTILE

COLEOTTERO VIOLINO

Molte piccole creature vivono sotto la corteccia di alberi morti, dove si nascondono dagli uccelli affamati. Tuttavia nelle foreste del Sudest asiatico per loro non c'è scampo. Qui sono il bersaglio di un insetto perfettamente adattato per cacciarli: il *Mormolyce phyllodes*, detto coleottero violino. Con il suo corpo appiattito scivola tra la corteccia sfaldata e usa la testa stretta per sondare le fessure nel legno alla ricerca di larve di insetti e lumache. Si orienta nel buio con le antenne, molto lunghe e sensibili, e afferra le prede con le mandibole ricurve e affilate.

A COLPO D'OCCHIO

- **DIMENSIONI** fino a 10 cm di lunghezza
- **HABITAT** alberi della foresta pluviale
- **DISTRIBUZIONE** Asia sudorientale
- **DIETA** insetti e lumache

DATI E STATISTICHE

CIRCA 5 SPECIE

Il nome è dovuto al corpo a forma di violino; tutte e 5 le specie si trovano nel Sudest asiatico.

DIFESA
Per scoraggiare i predatori secerne un fluido maleodorante dalle ghiandole.

ATTIVITÀ
Questa specie caccia di notte.

SVILUPPO
Le larve impiegano fino a 9 mesi per svilupparsi.

mesi: 1 2 3 4 5 6 7 8 9 10 11 12

VITA DELL'ADULTO 2–3 ANNI

INTRUSO INVISIBILE
Le elitre ampie e schiacciate di questo coleottero sono così sottili da essere quasi trasparenti; grazie a esse è difficile scorgere questo cacciatore mentre striscia sul terreno tra le foglie secche.

L'INSETTO PIÙ
SCHIACCIATO

ALI PELOSE

Le ali di alcuni mimaridi sono corte o del tutto assenti, ma quelle di molti altri sono straordinarie, tutte orlate di lunghi peli. Apparentemente sembrano poco pratiche, ma la meccanica del volo è diversa per creature così piccole, che con queste riescono a volare perfettamente.

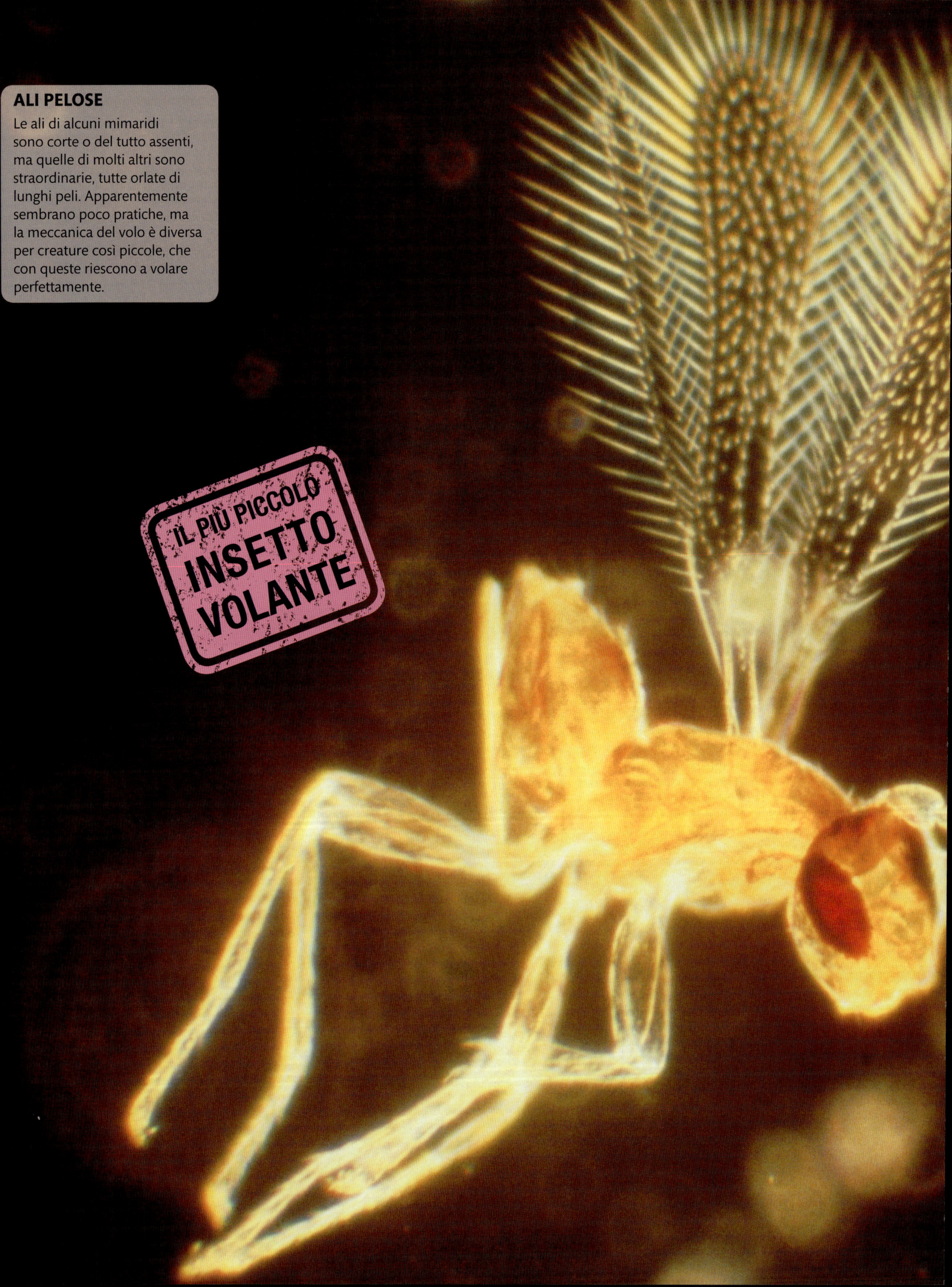

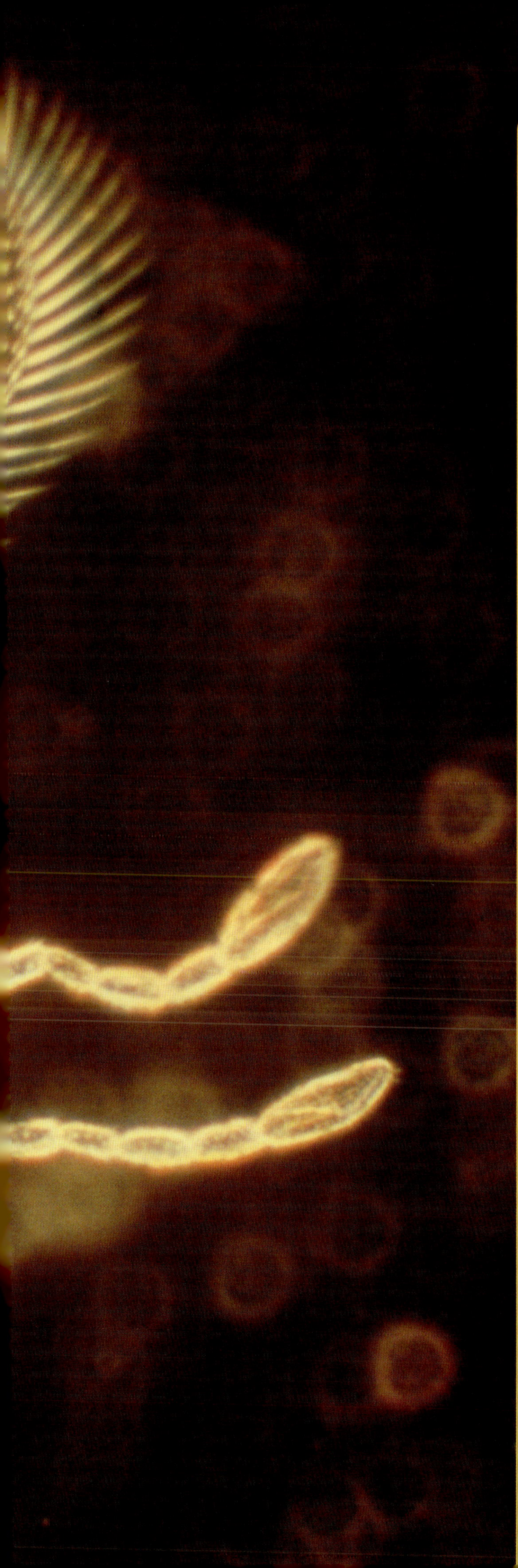

INCREDIBILMENTE PICCOLO

MIMARIDE

I mimaridi sono minuscole vespe dalla struttura delicata, con ali piumate e dimensioni estremamente ridotte: sono i più piccoli insetti volanti, così piccoli che si riproducono deponendo le uova all'interno di quelle degli altri insetti. Le larve appena nate si nutrono dell'uovo finché sono pronte a trasformarsi. Gli adulti hanno vita breve e molti non si nutrono neppure, dedicando tutto il loro tempo a cercare un partner per riprodursi. Il maschio di una specie originaria della Costa Rica è l'insetto più piccolo del mondo.

A COLPO D'OCCHIO

- **DIMENSIONI** fino a 5,4 mm di lunghezza, ma in maggioranza sono più piccole, tra 0,5-1,0 mm
- **HABITAT** ampiamente diffuso in tutti gli habitat; alcuni sono persino acquatici
- **DISTRIBUZIONE** in tutto il mondo, eccetto i Poli
- **DIETA** le larve mangiano uova di insetti; gli adulti bevono nettare o melata o non si nutrono affatto

DATI E STATISTICHE

CIRCA **1.400** SPECIE

I mimaridi vivono praticamente ovunque, ma sono così piccoli che di rado li notiamo.

VITA DELL'ADULTO **1-15** GIORNI

ANIMALE DA RECORD
La specie più piccola è grande come un quarto di un punto di punteggiatura.

UOVA
La femmina depone fino a 100 uova.

ATTIVITÀ
I mimaridi sono attivi durante il giorno. Di solito sono insetti solitari.

VITA ACQUATICA
Le specie acquatiche usano le ali per nuotare.

LA LINGUA PIÙ LUNGA

SFINGE DI MORGAN

Questa falena del Madagascar ha la lingua più lunga di qualunque altro insetto: le serve per raggiungere il nettare dolce nascosto in fondo al lungo sperone nettarifero di un'orchidea bianca a forma di stella. Il fiore rilascia un profumo dolce e molto intenso solo di notte, attirando le falene da distanze notevoli. Poiché nessun altro insetto può raggiungere il nettare dell'orchidea, la falena ha una scorta di cibo assicurata.

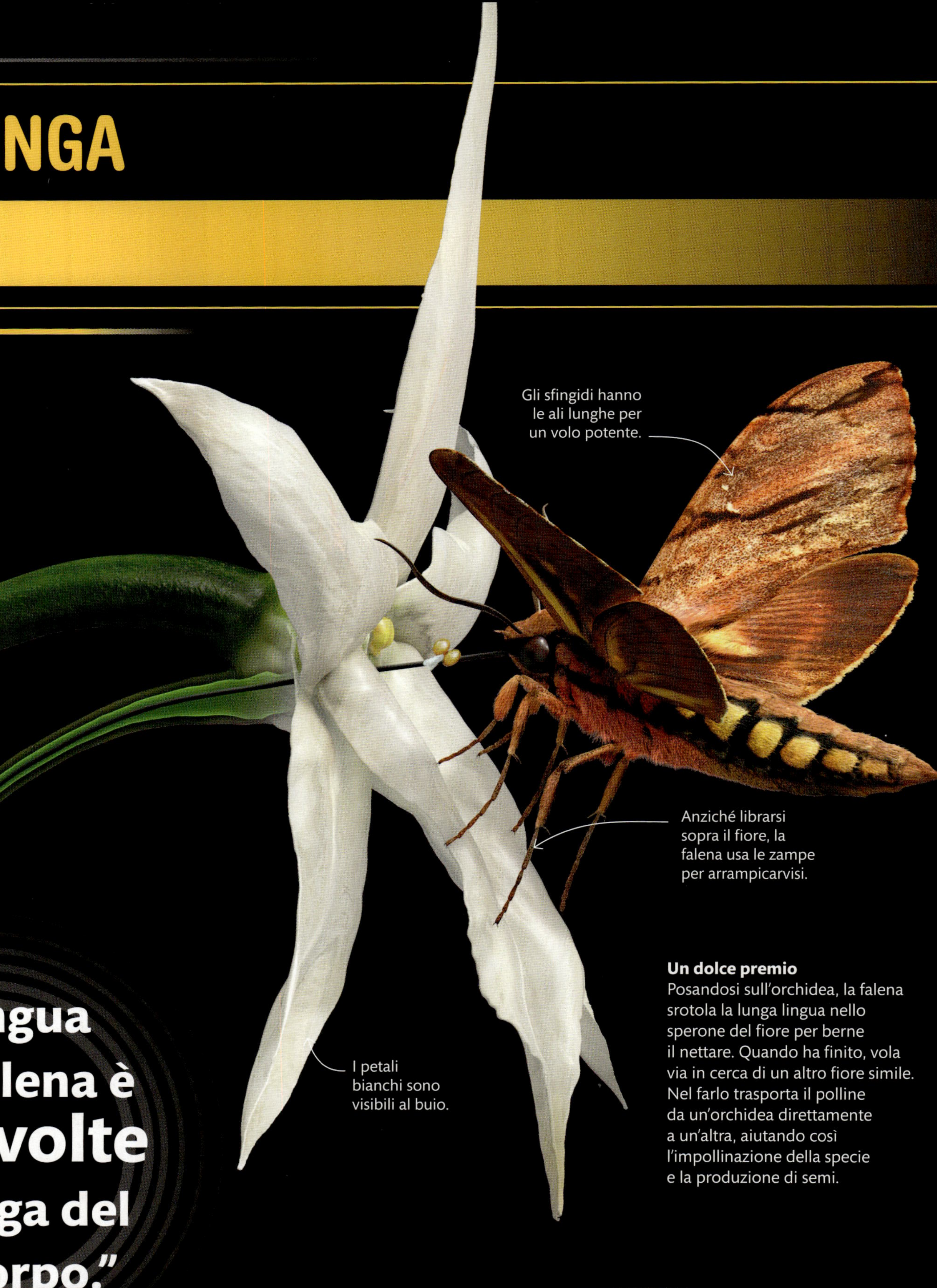

Gli sfingidi hanno le ali lunghe per un volo potente.

Anziché librarsi sopra il fiore, la falena usa le zampe per arrampicarvisi.

I petali bianchi sono visibili al buio.

Lo sperone nettarifero del fiore è un tubo stretto, appena sufficiente per la lingua della falena.

Lingua sottile e lunga della falena (spirotromba)

Un dolce premio
Posandosi sull'orchidea, la falena srotola la lunga lingua nello sperone del fiore per berne il nettare. Quando ha finito, vola via in cerca di un altro fiore simile. Nel farlo trasporta il polline da un'orchidea direttamente a un'altra, aiutando così l'impollinazione della specie e la produzione di semi.

"La lingua della falena è oltre 5 volte più lunga del suo corpo."

Il nettare è nascosto in fondo allo sperone del fiore; solo uno sfingide può raggiungerlo.

A COLPO D'OCCHIO

- **DIMENSIONI** circa 6,5 cm di lunghezza, lingua esclusa
- **HABITAT** foreste tropicali
- **DISTRIBUZIONE** Madagascar e Africa orientale
- **DIETA** l'adulto beve il nettare, il bruco mangia foglie

SPIROTROMBA

Quando l'incredibile lingua della falena non deve infilarsi nel fiore, è arrotolata sotto il capo dell'insetto in una spirale appiattita. La lingua tubolare, chiamata spirotromba, funziona come una cannuccia con cui l'animale succhia il liquido zuccherino.

DATI E STATISTICHE

CIRCA **1.450** SPECIE

La sfinge di Morgan appartiene alla famiglia degli sfingidi, che si trovano in tutto il mondo.

VITA DELL'ADULTO: CIRCA **10** SETTIMANE

ATTIVITÀ — Gli sfingidi sono insetti notturni, e si nutrono di notte.

DIFESA — Di giorno si mimetizzano per proteggersi dai predatori.

ANIMALE DA RECORD — La lingua della falena si allunga fino a 35 cm.

BATTITI ALARI — Gli sfingidi sono falene forti e veloci, con battiti di ali molto rapidi.

CONSEGNA A DOMICILIO

1. L'orchidea ha un buon motivo per attirare la falena: ha bisogno di un insetto che trasporti il suo polline a un altro fiore della stessa specie. Il polline si trova all'interno di due minuscole capsule, e quando la falena si allontana queste si attaccano alla base della sua lunghissima lingua.

2. Con la lingua ben arrotolata e le capsule di polline attaccate, la falena si prepara a volare in cerca di un'altra orchidea. Non è interessata ad altri fiori, quindi non c'è rischio che il polline finisca nella pianta sbagliata: l'insetto sta facendo esattamente ciò di cui ha bisogno l'orchidea.

3. Quando trova un'altra orchidea, srotola la lingua per succhiare il nettare. Quando comincia a nutrirsi, le capsule di polline si trasferiscono sul fiore nuovo e lo fecondano in modo che produca semi. Il corriere alato ha compiuto il suo lavoro e guadagna un altro dolce premio per il suo sforzo.

COLEOTTERI SCINTILLANTI

SCARABEO D'ORO

Alcuni dei coleotteri più belli del mondo sono gli scarabei del genere *Chrysina*, famosi per i colori iridescenti e i corpi lucidi che sembrano di metallo. L'effetto è causato dal riflesso della luce sulla struttura a strati della loro corazza. Molti sono verdi o rosso brillante, ma lo scarabeo d'oro, originario del Centro America, è tutto giallo e sembra proprio che sia fatto di metallo prezioso. Paradossalmente, il luccichio lo rende più difficile da vedere, poiché i riflessi del sole confondono la sua forma tra le foglie umide delle foreste tropicali che lo ospitano.

A COLPO D'OCCHIO

- **DIMENSIONI** fino a 3 cm di lunghezza
- **HABITAT** foreste tropicali degli altopiani
- **DISTRIBUZIONE** Centro America
- **DIETA** foglie

DATI E STATISTICHE

CIRCA 85 SPECIE

Gli scarabei *Chrysina* si trovano solo nel Centro e Sud America e negli Stati Uniti sudoccidentali.

VITA DELL'ADULTO CIRCA 3 MESI

ATTIVITÀ

Attivo soprattutto di notte, viene attirato dalle fonti di luce.

DIFESA

Alla luce del sole il corpo lucido aiuta a confondere i predatori.

ALTO VALORE

Tra i collezionisti, uno scarabeo d'oro può valere anche 300 euro.

STATO DI CONSERVAZIONE

Minacciato dalla riduzione dell'habitat e dal collezionismo.

SCAVATORE DORATO

Lo scarabeo d'oro è strutturato per scavare nel terreno: usando le zampe anteriori, larghe e a forma di vanga, l'animale sospinge la terra.

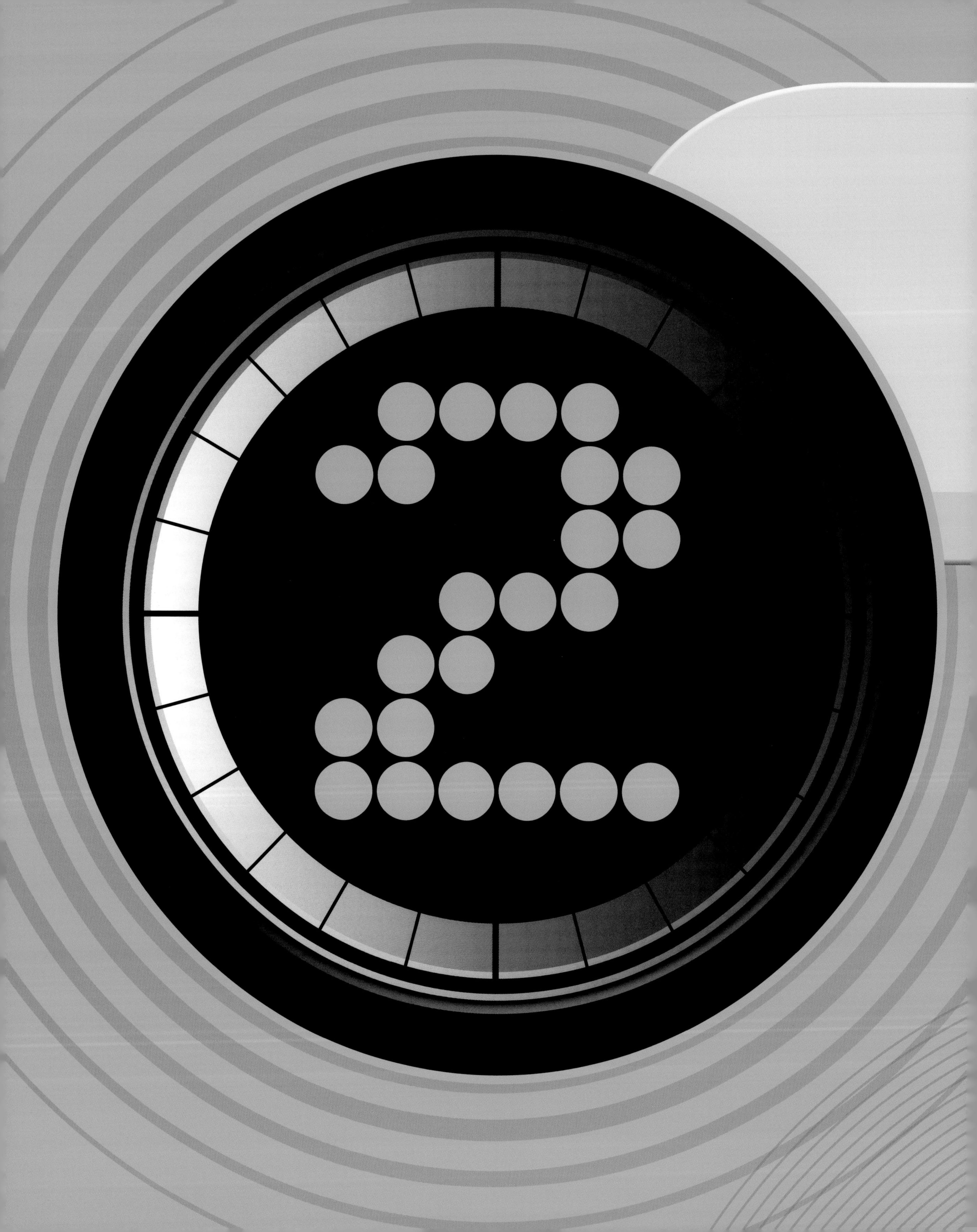
2

ANIMALI ATLETI

Sia che corrano, saltino o volino, gli artropodi sono davvero animali da record. Nonostante le loro dimensioni ridotte, alcuni si possono muovere a velocità sorprendente, altri si lanciano in acrobazie spettacolari in aria o sulla terraferma. Molti usano queste capacità per cacciare, nutrirsi o fuggire dai pericoli.

LA MIGRAZIONE PIÙ LUNGA

IL GRANDE SONNO
In inverno le farfalle monarca si radunano in massa nei boschi caldi della California e del Messico. Restano qui per più di 4 mesi, dormendo in fitti gruppi sui loro alberi preferiti prima di ripartire verso nord per riprodursi.

VIAGGIO INCREDIBILE

FARFALLA MONARCA

Quando svolazzano tra i fiori raccogliendo il nettare le farfalle hanno un aspetto fragile, ma alcune di loro sono capaci di compiere viaggi incredibilmente lunghi, attraversando oceani e continenti. Le farfalle monarca nordamericane detengono il record di distanza: in estate, nell'arco di più generazioni, si spostano gradualmente a nordest attraverso l'America verso il confine canadese, ma il volo di ritorno avviene in un'unica generazione, fino alla California e al Messico, per trascorrervi l'inverno. Ciò significa che una singola farfalla può volare 4.800 km!

A COLPO D'OCCHIO

- **DIMENSIONI** apertura alare fino a 11 cm
- **HABITAT** boschi caldi in inverno; praterie incolte in estate
- **DISTRIBUZIONE** originaria del Nord America e del Sud America settentrionale, Australia e Nuova Zelanda
- **DIETA** le farfalle adulte succhiano il nettare; i bruchi si nutrono di piante di asclepiade

DATI E STATISTICHE

12

SPECIE

La maggior parte vive per circa 1 mese, ma le farfalle che dormono in inverno vivono fino a 8 mesi.

PESO

FINO A 0,75 GRAMMI

DISTANZA

Copre 80 km al giorno quando va a sud.

km	10	20	30	40	50	60	70	80	90

miglia	10	20	30	40	50

MIGRAZIONE

Fino a 300 milioni di farfalle monarca migrano a sud ogni anno.

UOVA

La femmina può deporre fino a 1.200 uova.

CAMPIONE DI SALTO

CERCOPOIDEO

Questo insetto marrone sembra non avere niente di speciale. In realtà è un vero atleta: tenuto conto delle sue dimensioni, può saltare più in alto di qualunque altro animale, e facendolo viene sottoposto a una forza tale che ucciderebbe un uomo. Il cercopoideo ci riesce grazie a una speciale muscolatura che accumula l'energia come una catapulta. Rilasciandola tutta d'un colpo, l'insetto viene scaraventato in aria.

La parte anteriore del capo contiene grossi muscoli per succhiare la linfa delle piante.

I grandi occhi composti permettono all'insetto di controllare i possibili pericoli.

Fitomizo

Il cercopoideo appartiene all'ordine dei rincoti, insetti che si nutrono di liquidi con un apparato boccale tubolare succhiante. Come molti altri, sugge la linfa zuccherina di graminacee e altre piante. Può correre e volare, ma fugge dai pericoli saltando.

A COLPO D'OCCHIO

- **DIMENSIONI** 6 mm di lunghezza
- **HABITAT** boschi, praterie e giardini
- **DISTRIBUZIONE** Europa, Asia, Nord America e Nuova Zelanda
- **DIETA** linfa delle piante

DATI E STATISTICHE

CIRCA 2.500 SPECIE

I cercopoidei sono molto adattabili e vivono su vari tipi di piante in tutto il mondo.

ANIMALE DA RECORD

Può fare salti di 70 cm.

cm 20 40 60 80
in 8 16 24

SPINTA

È stata calcolata una velocità di spinta di 4 m/sec.

m/sec 2 4 6
ft/sec 6 12 18

VITA DELL'ADULTO 3–4 MESI

"La sua accelerazione è 400 volte superiore alla forza di gravità."

NIDO DI BOLLE

Le femmine depongono le uova sulle piante. Quando si schiudono, le giovani ninfe si nutrono della linfa come i genitori, ma si nascondono agli uccelli grazie al loro nido di schiuma: lo creano soffiando aria in un fluido di escrezioni fino a ottenere una massa di bolle.

Questi insetti vengono chiamati sputacchine per la loro schiuma bianca.

Le ali a riposo vengono ripiegate sopra il corpo come un tetto.

Le zampe sono così robuste da far saltare in aria l'animale senza spezzarsi.

FASI DI LANCIO

Le zampe posteriori del cercopoideo sono dotate di grossi muscoli che trattengono l'energia come fossero molle compresse, pronte a scattare.

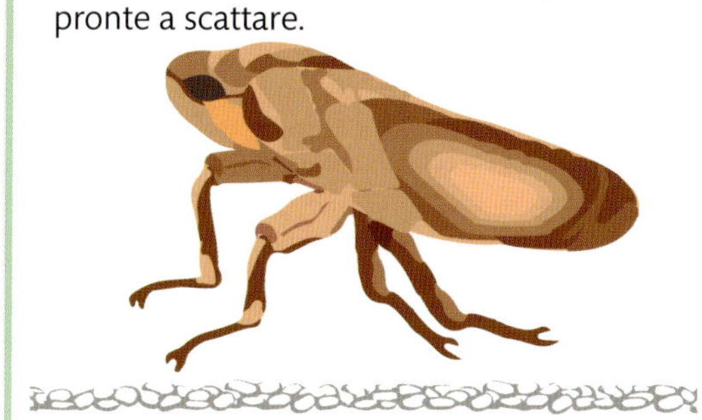

CONTO ALLA ROVESCIA Quando l'insetto percepisce un pericolo si rannicchia e blocca le zampe posteriori in posizione piegata, mettendo in tensione i muscoli massicci.

ACCENSIONE In un secondo i muscoli sviluppano una forza in grado di sbloccare di colpo le zampe posteriori, che scattano in meno di un millisecondo.

DECOLLO La spinta improvvisa lancia in aria l'insetto con un'accelerazione 80 volte superiore alla forza G sperimentata dagli astronauti lanciati nello spazio.

PULCI

Le lunghe zampe posteriori si estendono di colpo, facendo saltare la pulce per più di 30 cm.

Le pulci, piccoli parassiti che succhiano il sangue di gatti e altri animali, usano un meccanismo simile per saltare sulle loro vittime. I grossi muscoli nel loro corpo comprimono dei cuscinetti fatti di una sostanza elastica chiamata resilina, accumulando l'energia necessaria per il salto e trattenendola al loro interno. Al momento del rilascio, l'energia fa scattare istantaneamente le zampe dell'animale, catapultandolo in aria.

CONTROLLO DI VOLO PERFETTO

SIRFIDE

La maggior parte degli insetti ha due paia di ali, ma i ditteri ne hanno solo uno funzionante, senza che ciò pregiudichi la loro agilità in volo. I più abili di tutti sono i sirfidi, che possono sfrecciare in avanti, indietro e di lato, ma possono anche librarsi in aria restando fermi nello stesso punto, tutto grazie a un paio di organi di controllo del volo chiamati bilancieri.

Le ali lunghe e strette sono perfette per lo stile di volo dei sirfidi, rapido e agile.

Le vistose strisce gialle e nere fanno somigliare l'insetto a una piccola vespa.

Controllo di volo

Questo esile sirfide nettarivoro è perfettamente adattato per il volo. Le ali sono piccole, ma sono controllate da un sistema di comando incredibilmente efficiente che consente all'insetto di andare dove vuole in pochi secondi senza finire fuori rotta per colpa del vento.

Nonostante le strisce sul corpo che ricordano quelle della vespa, i sirfidi non hanno pungiglione e non possono mordere: sono del tutto innocui.

APE O SIRFIDE?

Molti sirfidi hanno il corpo a strisce simile a quello di api e vespe. L'ape mellifera e il sirfide qui a destra sembrano quasi identici: è una forma di mimetismo. Gli uccelli e gli altri predatori esitano prima di attaccare un insetto che potrebbe avere il pungiglione, e così il sirfide ha modo di fuggire.

Ape

Sirfide

A COLPO D'OCCHIO

- **DIMENSIONI** fino a 18 mm di lunghezza
- **HABITAT** boschi, praterie e giardini
- **DISTRIBUZIONE** in tutto il mondo, tranne l'Antartide
- **DIETA** gli adulti bevono nettare; le larve mangiano piante marcescenti, sostanze animali o altri insetti

DATI E STATISTICHE

CIRCA **6.000** SPECIE

I sirfidi vivono ovunque ci siano fiori di cui nutrirsi.

DIFESA

Tiene lontani i predatori, come gli uccelli, mimetizzandosi da insetto con pungiglione.

VELOCITÀ DI VOLO

I sirfidi volano a un massimo di 3,5 m/sec.

ATTIVITÀ

I sirfidi sono attivi di giorno; come le api, sono importanti impollinatori di piante fiorite.

SVILUPPO

Dalla schiusa alla trasformazione in adulto passano 25-30 giorni. Molte larve si nutrono di parassiti delle piante.

DURATA DELLA VITA: FINO A **6** SETTIMANE

PILOTA AUTOMATICO

Le ali posteriori dei sirfidi si sono trasformate in bilancieri: minuscole strutture che battono rapidamente. I sensori posti alla base percepiscono se l'insetto ha perso la rotta e mandano un segnale ai muscoli alari per attuare la correzione: un sistema molto simile al pilota automatico di un velivolo.

ATTACCANTE AGILE

RAGNO SALTATORE

Molti ragni sono quasi ciechi e costruiscono tele per intrappolare le prede senza mai allontanarsi per cacciare. Ma i piccoli ragni saltatori sono molto diversi: puntano gli insetti con i loro occhi enormi e acuti, si avvicinano furtivi alla preda e balzano all'attacco come tigri in miniatura.

Le zampe posteriori forniscono la spinta per il salto; si estendono grazie a un fluido che vi scorre all'interno.

Le potenti zampe anteriori servono per afferrare la preda.

La corda di sicurezza è fatta di seta super-robusta.

CORDA DI SICUREZZA

I ragni producono fili di seta che usano per tessere le loro tele, costruire i nidi e creare strutture dove crescere i piccoli. Il ragno saltatore ne fa un uso diverso: come uno scalatore, compie un movimento pericoloso solo quando è attaccato a una "corda" di sicurezza, così se qualcosa va storto non rischia brutte cadute.

Salto fatale

Il ragno saltatore è un cacciatore agile dotato di diversi tipi di occhi per individuare e puntare la preda. Quando per esempio scorge una mosca, si avvicina silenzioso e, con un balzo improvviso, le piomba sopra e la uccide con un morso velenoso.

A COLPO D'OCCHIO

- **DIMENSIONI** fino a 22 mm di lunghezza
- **HABITAT** dai boschi alla boscaglia, giardini e aree montane
- **DISTRIBUZIONE** in tutto il mondo
- **DIETA** insetti e altri ragni

RITUALE DI DANZA

I ragni saltatori hanno una vista estremamente acuta, e per loro colori e disegni sono molto importanti, soprattutto per l'accoppiamento. Il maschio di ragno pavone australiano sull'addome ha persino due lembi dai colori vivaci che solleva durante il rituale di corteggiamento. Per un effetto più scenografico, fa ondeggiare in aria il terzo paio di zampe dalle punte bianche: può continuare la sua danza per 30 minuti o anche più.

I due grandi occhi centrali consentono una visione dettagliata del bersaglio.

Gli altri due occhi frontali più piccoli offrono un ampio campo visivo: il ragno li usa per individuare le prede in movimento.

IL GUERRIERO DELLA TELA

È così piccolo che su questa moneta quasi sparisce, ma il *Portia fimbriata* è uno dei cacciatori più audaci del pianeta. È specializzato nell'attacco di ragni tessitori, che spesso sono più grandi di lui e potrebbero facilmente ucciderlo. Si intrufola nella tela del malcapitato e pizzica i fili di seta per farlo avvicinare, poi con un salto gli è sopra e lo morde con forza.

Il corpo e le zampe sono coperti da una peluria sensibile che percepisce i movimenti dell'aria.

DATI E STATISTICHE

PIÙ DI 5.000 SPECIE

Anche se la maggior parte dei ragni saltatori si trova ai tropici, una specie vive persino sui pendii dell'Everest.

LUNGHEZZA DEL SALTO

Alcuni ragni saltatori possono fare balzi fino a 30 volte la lunghezza del proprio corpo.

ANIMALE DA RECORD

Il ragno saltatore dell'Himalaya è l'animale terrestre che vive all'altitudine più elevata.

DIFESA

Questi ragni hanno una vista acuta per individuare i pericoli e molti si mimetizzano.

ATTIVITÀ

I ragni saltatori cacciano soprattutto di giorno.

DURATA DELLA VITA 12 MESI

“I ragni saltatori sono **cacciatori intelligenti** e imparano con l’esperienza.”

SUPERVISTA

I ragni saltatori hanno occhi enormi. Le lenti grandi, singole, sono fisse, ma la struttura retrostante può muoversi per puntare con precisione la preda; funzionano come un binocolo e rilevano ogni dettaglio; permettono all'animale di calcolare le distanze, valutando così la lunghezza dei salti. Gli altri occhi vedono meno in dettaglio, ma offrono un campo visivo molto più ampio.

SPIROTROMBA

La lunga spirotromba della sfinge colibrì riesce a infilarsi in fondo ai fiori tubulari. Poiché la maggior parte degli altri insetti non ci riesce, è probabile che questi fiori contengano parecchio nettare. Ecco perché la sfinge colibrì è così selettiva e sfreccia da una pianta a fiore lungo all'altra.

CAMPIONE DI VOLO STAZIONARIO

SFINGE COLIBRÌ

Le falene sono attive specie di notte, ma alcune volano di giorno. Una delle più attraenti è la sfinge colibrì. Sfreccia di fiore in fiore succhiando il nettare mentre si libra in aria; sembra, e si comporta, proprio come un minuscolo colibrì, persino le ali ronzano nello stesso modo. Inoltre, la falena può volare molto veloce, tanto da compiere lunghe migrazioni estive dall'Africa all'Europa settentrionale e Gran Bretagna, attraversando il mare senza mai fermarsi.

A COLPO D'OCCHIO

- **DIMENSIONI** apertura alare fino a 5 cm
- **HABITAT** boschi, praterie fiorite e giardini
- **DISTRIBUZIONE** Europa, Asia e Nord Africa
- **DIETA** gli adulti succhiano il nettare; i bruchi si nutrono di foglie di galio o robbia.

DATI E STATISTICHE

CIRCA 110 SPECIE

Questa è una delle numerose specie simili che vivono perlopiù nell'Asia sudorientale.

VITA DELL'ADULTO FINO A 4 MESI

UOVA

La femmina depone fino a 200 uova, ognuno su una pianta diversa.

BATTITO ALARE

La sfinge colibrì batte le ali fino a 80 volte al secondo.

SPIROTROMBA

Questa falena ha la spirotromba lunga fino a 2,8 cm: la più lunga di ogni altro insetto impollinatore europeo.

cm 1 2 3 4

in ½ 1 1½

ANIMALI ATLETI

SCATTO DA PRIMATISTA

SCUTIGERA

Strutturata per la velocità, la scutigera dalle zampe lunghe è specializzata nell'inseguire insetti e ragni attraversando superfici aperte. Le pareti e i pavimenti di casa sono il terreno di caccia ideale. Come tutti i centopiedi, preferisce i luoghi umidi, per esempio bagni e cantine, spesso spaventando gli inquilini quando sfreccia per afferrare le prede con le fauci velenose.

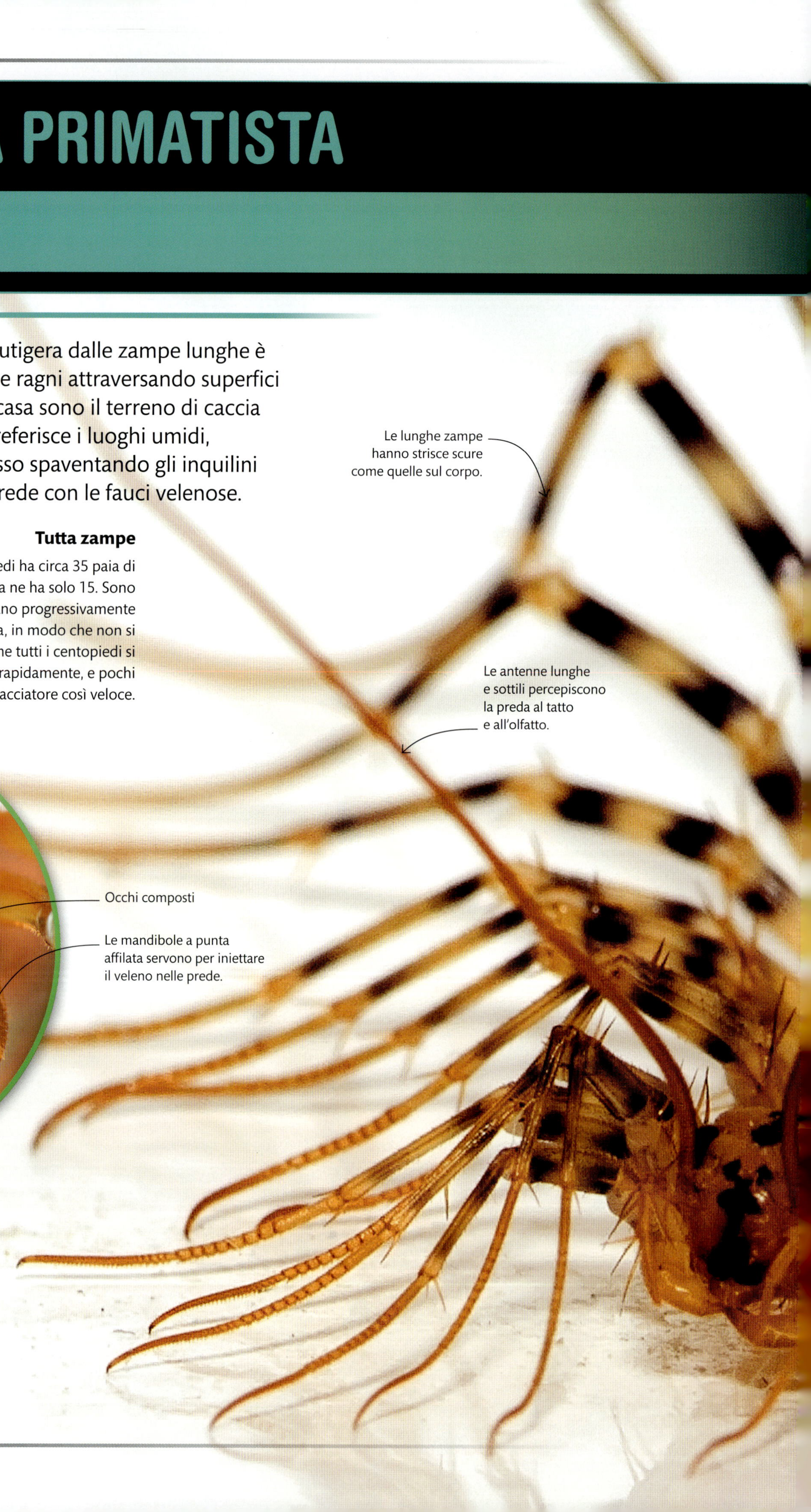

Tutta zampe

La maggior parte dei centopiedi ha circa 35 paia di zampe, ma la scutigera ne ha solo 15. Sono incredibilmente estese e diventano progressivamente più lunghe dalla testa alla coda, in modo che non si aggroviglino durante la corsa. Come tutti i centopiedi si muovono a onde, ma molto più rapidamente, e pochi animali riescono a sfuggire a un cacciatore così veloce.

OCCHI COMPOSTI

La scutigera ha una vista eccellente. I suoi occhi complessi, composti da tante lenti separate, sono molto più efficienti degli ocelli (occhi piccoli e semplici), tipici degli altri centopiedi. Nonostante la vista superiore, la scutigera caccia soprattutto di notte, affidandosi alle sue antenne sensibili per localizzare le prede.

DATI E STATISTICHE

CIRCA 30 SPECIE

I parenti dalle zampe lunghe della scutigera vivono in tutte le regioni calde del pianeta, molti nelle case, alcuni nelle grotte.

UOVA

La femmina depone in media 60 uova. Il numero massimo è 150.

0 20 40 60 80 100 120 140 160

ATTIVITÀ

La scutigera di solito caccia di notte.

VELOCITÀ

Si muove fino a 40 cm al secondo.

VITA DELL'ADULTO

7 ANNI

A COLPO D'OCCHIO

- **DIMENSIONI** fino a 10 cm
- **HABITAT** case e terreni aperti
- **DISTRIBUZIONE** ampiamente diffusa in gran parte di Europa, Asia, Nord e Sud America
- **DIETA** insetti e ragni

Le ultime due zampe della scutigera sono lunghe quanto le antenne; se l'animale non si muove è difficile capire quale sia la testa.

FATTO PER CORRERE

Il corpo della scutigera ha 15 segmenti collegati a due a due da placche rigide sulla parte superiore. Questa struttura rende l'animale meno flessibile, ma più veloce, di molti centopiedi. Al momento dello scatto usa le lunghe zampe per tenere il corpo sollevato da terra. Di solito corre a scatti brevi e rapidi, intervallati da piccole pause.

IL CORRIDORE PIÙ VELOCE

VERDE BRILLANTE
Il corpo verde iridescente della cicindela scintilla al sole estivo mentre sfreccia sul terreno aperto in cerca di prede. Le antenne lunghe e sensibili servono per individuare ed evitare eventuali ostacoli.

CORSA FRENETICA

CICINDELA

Le cicindele, considerate le loro dimensioni, sono tra i corridori più veloci del pianeta. Schizzano come schegge raggiungendo i 9 km orari: in pratica, in un secondo coprono una distanza pari a 125 volte la lunghezza del loro corpo! In confronto il ghepardo, l'animale terrestre più veloce del mondo, con i suoi 120 km/h, corre solo 23 lunghezze del corpo al secondo. La cicindela usa questa incredibile velocità per catturare le prede: corre così forte che intorno a lei diventa tutto sfocato, ma ha anche il tempo per fermarsi a controllare la direzione.

A COLPO D'OCCHIO

- **DIMENSIONI** 12-15 mm di lunghezza
- **HABITAT** spazi aperti con terreno secco, sabbioso o calcareo
- **DISTRIBUZIONE** Europa e Asia
- **DIETA** insetti e ragni

DATI E STATISTICHE

CIRCA 2.600 SPECIE

Le varie specie di cicindela vivono sparse in tutto il mondo, soprattutto in habitat sabbiosi.

VITA: DA LARVA AD ADULTO 2-3 ANNI

ANIMALE DA RECORD

Una piccola specie australiana può coprire 2,5 m in un secondo.

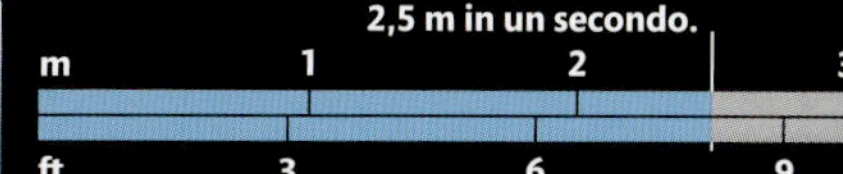

DIFESA

Questi coleotteri volano rapidi e mordono.

ATTIVITÀ

Corre e vola prontamente ed è più attivo nelle ore calde del giorno.

FAUCI MORTALI

La *Cicindela campestris* è il coleottero dalla vista più acuta e usa i suoi occhi composti, grandi e sporgenti, per individuare la vittima, inseguirla e catturarla. Con i robusti denti spacca la rigida armatura delle sue prede e le riempie di succhi digerenti per ammorbidirne la carne. Poi, finalmente, può divorare il suo pasto.

ULTIMO SUPERSTITE

TARDIGRADO

Questo prodigio in miniatura è uno degli animali più piccoli del pianeta, ma anche uno dei più resistenti. Non più grande di un granello di sale, vive in luoghi umidi e coperti di muschio e negli stagni, dove si nutre dei fluidi delle piante e di microbi. Tuttavia, se il suo habitat si asciuga, il tardigrado sopravvive per anni in condizioni di disidratazione che ucciderebbero qualunque altro animale. E, una volta che torna umido, gli bastano pochi minuti per rianimarsi e cominciare a nutrirsi come se non fosse successo niente.

DORMIENZA

Se il tardigrado rimane senza cibo e acqua, il suo corpo si disidrata e si accartoccia in un fascio informe chiamato "botticella". In questa condizione può sopravvivere al freddo più estremo, al caldo più rovente e a un livello di radioattività mille volte superiore a quello normalmente letale. I tardigradi sono sopravvissuti persino nello spazio!

Il guscio duro protegge l'uovo dalla disidratazione.

UOVA STELLATE

I tardigradi depongono uova dal guscio duro a forma di stella. Di solito si schiudono dopo due settimane, ma possono sopravvivere molti mesi.

Orso d'acqua

Il tardigrado ha 8 zampe corte e tozze e un corpo voluminoso e rotondo. Osservandolo al microscopio, sembra un minuscolo orso che perlustra il suo habitat acquatico in cerca di cibo, e per questo a volte è chiamato "orso d'acqua". Per nutrirsi perfora le cellule dure delle piante o dei microbi per farne uscire i liquidi.

A COLPO D'OCCHIO

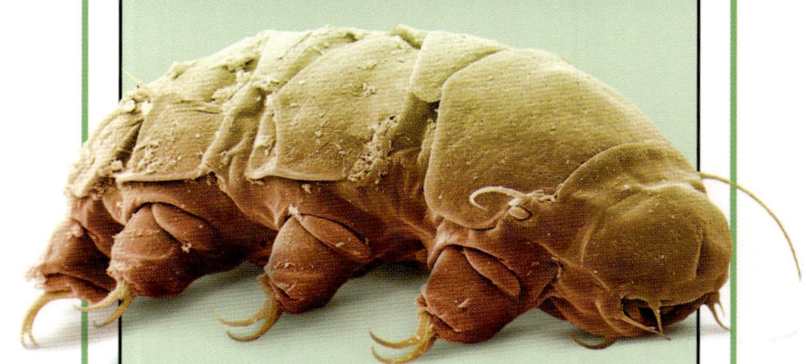

- **DIMENSIONI** fino a 1,2 mm di lunghezza
- **HABITAT** muschio umido, fango e piante acquatiche
- **DISTRIBUZIONE** in tutto il mondo
- **DIETA** alghe, cellule vegetali e microbi

Il corpo è protetto da una pelle elastica simile a quella di un bruco.

Le robuste setole sensoriali percepiscono gli oggetti vicini e i movimenti dell'aria.

DATI E STATISTICHE

CIRCA 900 SPECIE

I tardigradi si trovano in ogni tipo di habitat, dalle foreste tropicali al ghiaccio delle calotte polari.

UOVA

La femmina depone fino a 30 uova alla volta. Anche queste possono sopravvivere per mesi senza umidità.

TEMPERATURE TOLLERATE

I tardigradi possono sopravvivere a temperature estreme, da -200 °C a 151 °C.

ACQUA

In dormienza l'acqua nel corpo scende al 3%. **Quando è attivo è l'85%.**

0% 20% 40% 60% 80% 100%

VITA IN DORMIENZA 10 ANNI

PICCOLI PRODIGI

I tardigradi non sono le uniche creature dotate di una straordinaria capacità di sopravvivenza. I microscopici rotiferi bdelloidei che vivono negli stagni e in acqua dolce, hanno la stessa abilità di disidratarsi come foglie secche pur rimanendo vivi, rianimandosi quando migliorano le condizioni. Sopravvivono anche nove anni in questo modo.
Il loro corpo riesce a riparare i danni causati dalla disidratazione prelevando materiale genetico dai batteri e dagli altri microbi di cui si nutrono.

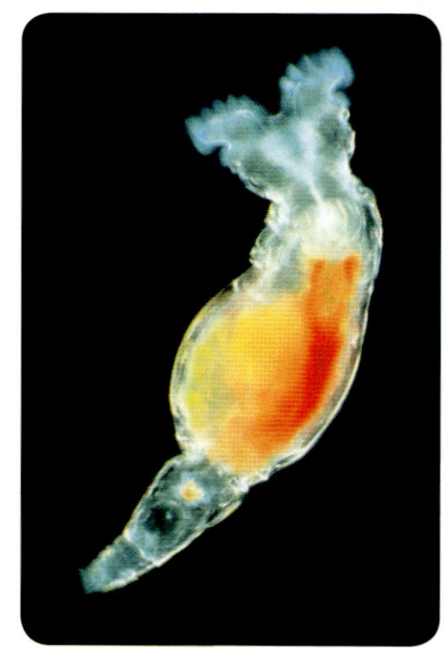

AERONAUTA IMPROBABILE

BOMBO

I bombi sono grossi insetti pelosi dalle ali incredibilmente piccole. Qualcuno una volta ha calcolato che la loro superficie alare non poteva mantenerli in volo, ma si sbagliava, poiché si basava sul modo di volare degli uccelli, che non è uguale a quello degli apidi. Questi infatti non battono le ali su e giù ma avanti e indietro. Con questo movimento le ali si flettono e roteano, creando turbinii vorticosi nell'aria che generano portanza. Il procedimento funziona così bene che gli apidi possono avere ali molto piccole rispetto al loro peso.

A COLPO D'OCCHIO

- **DIMENSIONI** fino a 2 cm di lunghezza
- **HABITAT** boschi, praterie e giardini
- **DISTRIBUZIONE** Europa, Asia occidentale e Nord Africa
- **DIETA** gli adulti succhiano il nettare; i piccoli vengono nutriti con nettare e polline

DATI E STATISTICHE

CIRCA 250 SPECIE

I bombi si trovano in quasi tutto il mondo, tranne l'Australia e gran parte dell'Africa.

VITA DELL'OPERAIA: CIRCA 6 SETTIMANE

COLONIA

I bombi vivono in colonie di 50-400 esemplari; come le api, hanno una regina.

NIDO SOTTERRANEO

Gran parte delle specie fa il nido in cavità sotterranee, per esempio tane di topi.

DIFESA

Il bombo ha un pungiglione ma lo usa di rado, solo per difendere il nido.

BATTITO ALARE

Il bombo batte le ali circa 200 volte al secondo.

"Un'operaia può visitare **200.000** fiori nell'arco della sua vita."

IN VOLO

Il bombo terrestre è un acrobata del volo, capace di librarsi sotto un fiore in cerca di nettare. Nell'arco della sua vita visita migliaia di fiori, e facendolo trasporta il polline da uno all'altro, procedimento essenziale per la fecondazione e la produzione dei semi.

SCAVATORE DINAMICO

Il grillotalpa ha un robusto paio di zampe anteriori a forma di pala che usa per scavare. Le altre zampe sono più corte di quelle tipiche dei grilli, e il corpo è quasi cilindrico in modo da poter scivolare rapidamente nelle gallerie.

SCAVATORE MUSICALE

GRILLOTALPA

Con la sua struttura da bulldozer in miniatura, il grillotalpa è un insetto perfettamente equipaggiato per vivere sottoterra, dove crea una rete di gallerie per nutrirsi, riprodursi e persino cantare. In primavera il maschio scava una tana speciale per diffondere il suo canto di corteggiamento. La buca è costruita come una camera di risonanza con due megafoni e amplifica il suo richiamo stridulo in un frinito profondo e penetrante che può attirare una femmina lontana anche 2 km.

A COLPO D'OCCHIO

- **DIMENSIONI** fino a 5 cm di lunghezza
- **HABITAT** praterie e campi umidi
- **DISTRIBUZIONE** Europa e Asia occidentale
- **DIETA** radici, insetti, larve e vermi

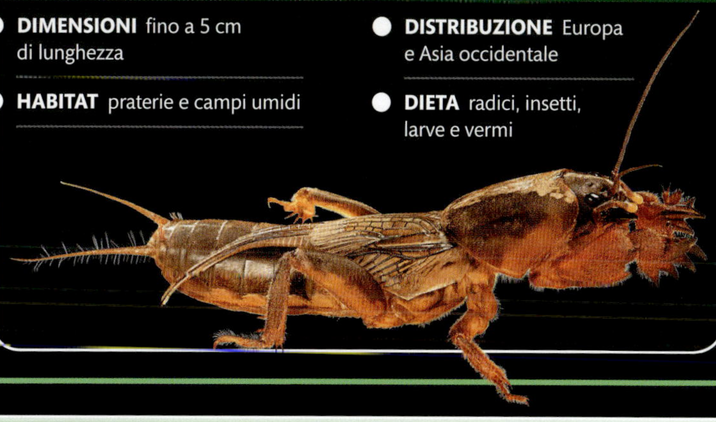

DATI E STATISTICHE

CIRCA **65** SPECIE

Il grillotalpa vive praticamente ovunque in habitat umidi ed erbosi.

VITA DELL'ADULTO **2** ANNI

DISTANZA DEL VOLO

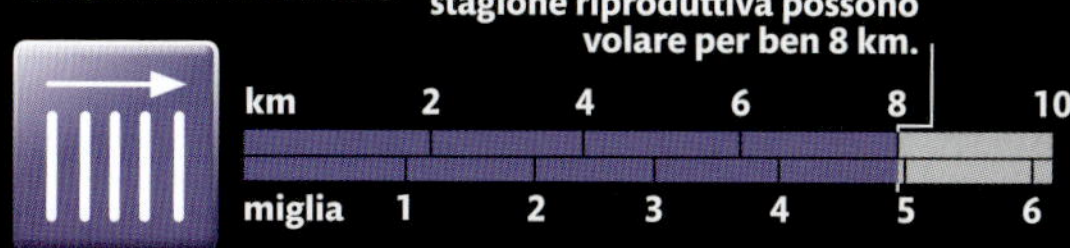

TANE

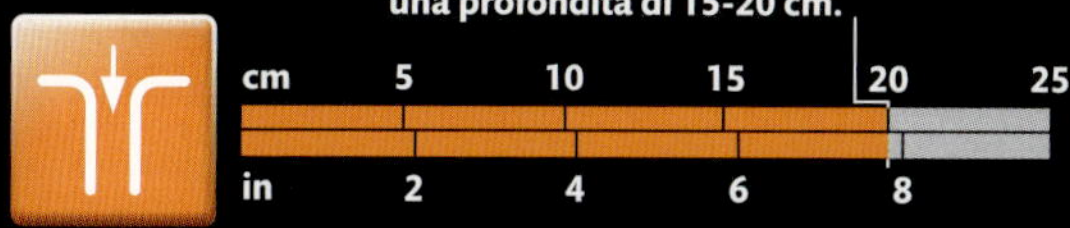

RAGNO SPRINT

RAGNO GIGANTE DELLE CASE

Per alcune persone l'*Eratigena atrica* è l'animale più spaventoso: è un ragno che invade le case e terrorizza gli abitanti correndo loro incontro a tutta velocità. Le zampe lunghissime del maschio lo rendono il ragno più veloce. Gira in cerca di una femmina, che solitamente resta nascosta nella sua tela a forma di imbuto.

DENTI VELENOSI

Le mandibole potenti sono munite di denti affilati e velenosi per uccidere le prede. Il ragno frantuma la vittima e vi inietta la saliva che liquefà i tessuti molli e li rende facili da succhiare.

DATI E STATISTICHE

CIRCA 1.200 SPECIE

I ragni veloci di questo tipo si trovano in tutto il mondo. Molti vivono nelle case, altri stanno tra l'erba e nella boscaglia.

UOVA

La femmina depone circa 60-100 uova, ma solo il 2% sopravvive fino all'età adulta.

RAGNATELA

Tessono una tela a forma di foglio negli angoli delle stanze e aspettano che le vittime vi restino intrappolate.

ACCOPPIAMENTO

Talvolta, dopo l'accoppiamento, il maschio di *Eratigena atrica* viene mangiato dalla femmina.

VELOCITÀ

Questo ragno si sposta rapido, viaggiando a circa 1,9 km/h.

VITA APPROSSIMATIVA 1 ANNO

"Questo terrore domestico è l'animale a 8 zampe più veloce."

A COLPO D'OCCHIO

- **DIMENSIONI** fino a 19 mm di lunghezza
- **HABITAT** case, grotte e luoghi rocciosi
- **DISTRIBUZIONE** Europa; introdotto nel Nord America
- **DIETA** insetti intrappolati nella sua tela a foglio

ZAMPE ARTIGLIATE

Le zampe dei ragni sono munite di artigli appositamente adattati per strisciare sulla tela senza rimanerci aggrovigliati. I peli sensibili percepiscono le vibrazioni e i movimenti dell'aria generati dalle prede nelle vicinanze.

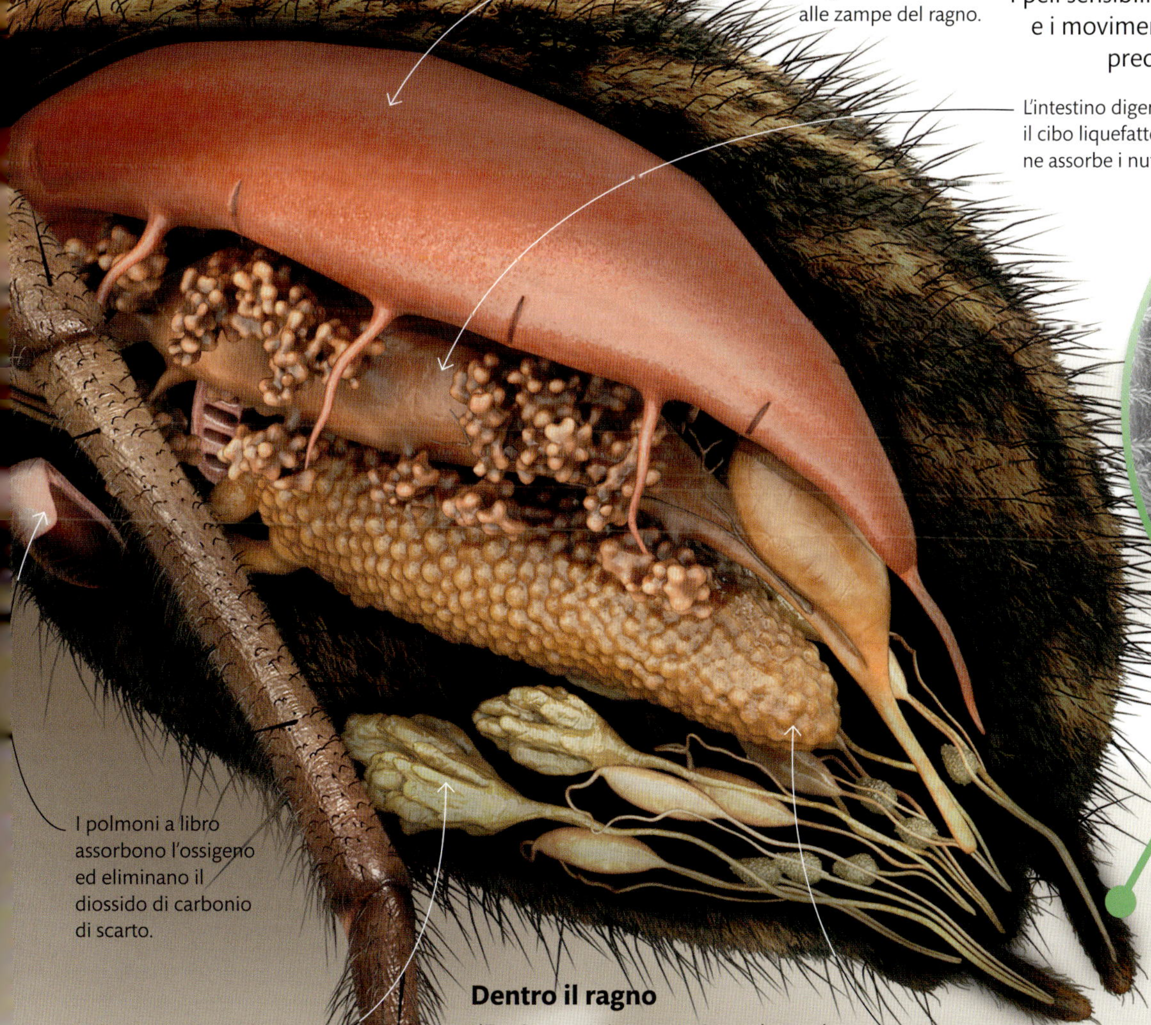

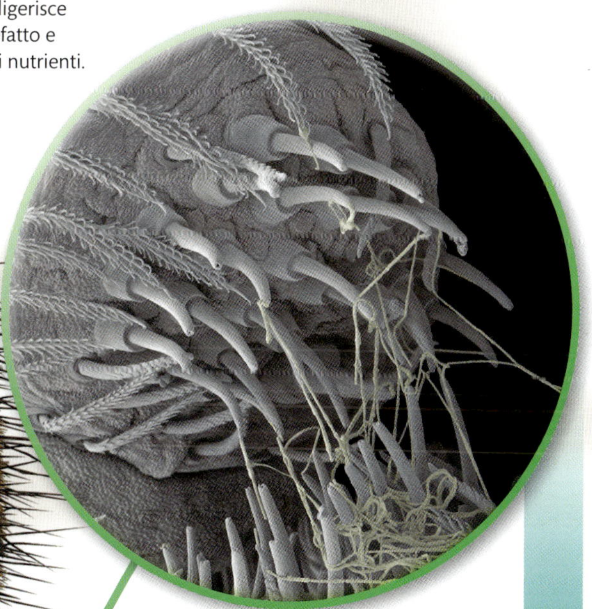

FILIERA

La seta del ragno è prodotta dagli ugelli multipli delle filiere poste sull'estremità dell'addome. La dimensione degli ugelli può essere modificata per controllare lo spessore, la resistenza e la consistenza del filo.

Dentro il ragno

L'*Eratigena atrica* appartiene al grande gruppo dei ragni armati di denti velenosi con chiusura a pinza. I denti e le 8 zampe fanno parte del cefalotorace, la struttura che comprende capo e corpo dell'animale, mentre l'addome contiene il cuore e l'intestino.

UNA TANA DI SETA

L'*Eratigena atrica* è uno dei molti ragni che costruiscono tele con seta morbida e densa a forma di imbuto, con una parte stretta e una larga a forma di foglio che costituisce la trappola: quando un insetto vi finisce dentro, manda delle vibrazioni attraverso la seta; il ragno, messo in allerta, esce rapido dalla tana per afferrare la vittima, avvolgerla in un velo sericeo e affondare il suo morso velenoso e mortale.

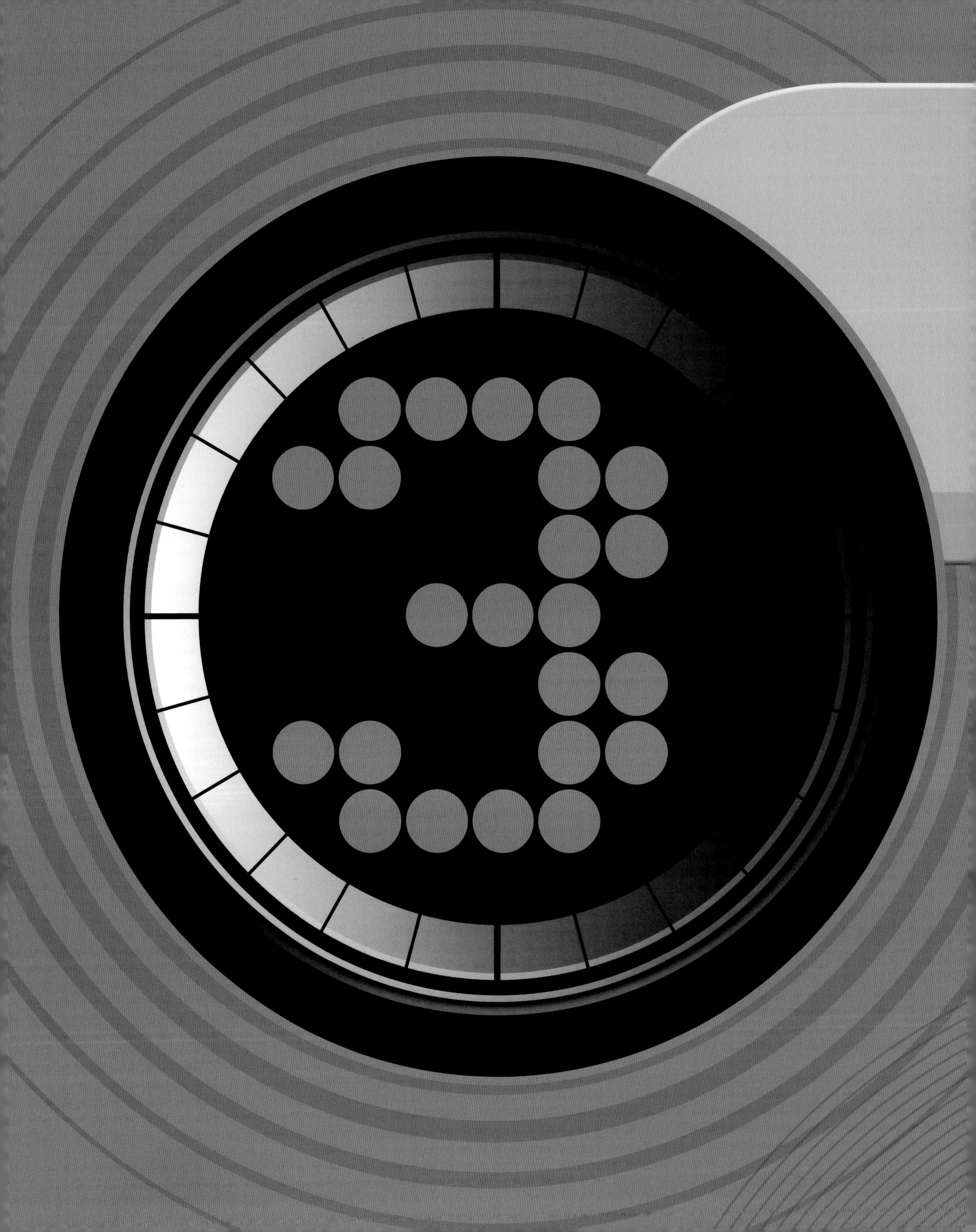
3

CACCIATORI TEMIBILI

Il sottobosco brulica di alcuni dei cacciatori più specializzati del pianeta: i ragni, gli scorpioni e le cosiddette cimici assassine sono animali muniti di armi mortali per catturare e uccidere le vittime; altri predatori, invece, preferiscono mangiare le prede ancora vive.

CATTURA PERFETTA

DEINOPIDE

Molti ragni usano la seta per catturare le prede, ma pochi sono così ingegnosi come il *Deinopis subrufa*. Questo cacciatore notturno ha due grandi occhi principali per puntare la preda nelle tenebre. Appeso vicino a terra con una tela semplice, tiene tra le 4 zampe anteriori una minuscola rete di seta superelastica. Quando si avvicina un insetto, osserva e aspetta, poi allarga all'improvviso le zampe per stendere la sua rete: se entra in contatto con la vittima, la seta elastica scatta all'indietro, intrappolandola. Tutto si svolge in meno di un secondo.

A COLPO D'OCCHIO

- **DIMENSIONI** fino a 2,5 cm di lunghezza
- **HABITAT** foreste, boscaglia e giardini
- **DISTRIBUZIONE** Australia
- **DIETA** insetti terricoli e ragni

DATI E STATISTICHE

CIRCA 48 SPECIE

I deinopidi si trovano nelle regioni tropicali e subtropicali di tutto il mondo.

VITA DELLA FEMMINA

1 ANNO

OCCHI
Questi ragni vengono talvolta chiamati "faccia da orco" per i loro grossi occhi.

VISTA
Gli occhi hanno dei fotorecettori 200 volte più sensibili di quelli dei ragni che cacciano di giorno.

DIFESA
Il corpo a forma di bastoncino consente al ragno di mimetizzarsi nell'ambiente.

UOVA
La femmina depone tra le 100 e le 200 uova nell'arco della vita.

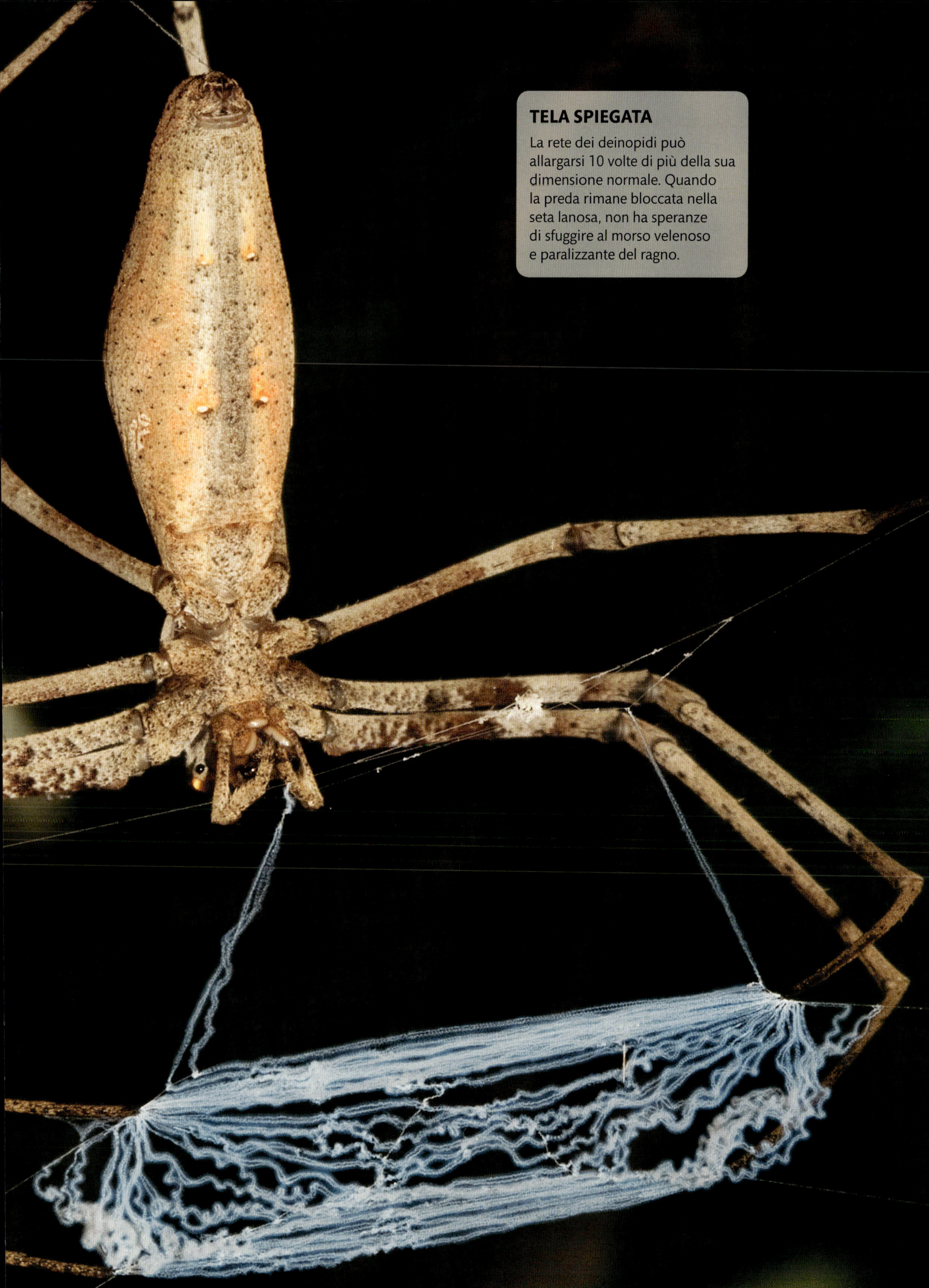

TELA SPIEGATA

La rete dei deinopidi può allargarsi 10 volte di più della sua dimensione normale. Quando la preda rimane bloccata nella seta lanosa, non ha speranze di sfuggire al morso velenoso e paralizzante del ragno.

SPARAMUCO

VERME DI VELLUTO

Insetti, ragni e altri artropodi dotati di esoscheletro si sono evoluti da un antico gruppo di animali con corpo morbido e zampe flessibili. Alcuni di essi vivono ancora oggi nelle foreste calde e umide: sono gli onicofori, o vermi di velluto. Simili a centopiedi dal corpo morbido, strisciano sul terreno cercando insetti e vermi da intrappolare con getti di muco appiccicoso.

Verme tutto zampe

Le minuscole escrescenze che coprono la pelle di questa creatura danno all'animale un aspetto vellutato. Come tutti gli onicofori, questa specie ha molte paia di zampe corte e tozze e due antenne carnose. Gli ugelli posti ai lati della testa sparano un'arma segreta: dei getti di muco.

CACCIATORE NOTTURNO

L'onicoforo si avvicina furtivo alle prede localizzandole con le antenne: se gli piace ciò che percepiscono, lancia due raffiche di muco appiccicoso a zig-zag per intrappolare la preda, prima dell'attacco finale con un morso velenoso.

"I vermi di velluto esistono da 570 milioni di anni."

UNA BUONA PRESA

Le zampe del verme di velluto sono morbide e flessibili. Possono piegarsi in ogni direzione grazie ai piccoli muscoli, ma l'animale può muoverle anche in coppia per flettere il corpo. Ogni zampa termina con un paio di artigli affilati e retrattili che consentono una buona presa sulle superfici ruvide.

Gli artigli sono fatti di chitina, il materiale che forma l'esoscheletro degli insetti.

A COLPO D'OCCHIO

- **DIMENSIONI** fino a 28 cm di lunghezza
- **HABITAT** luoghi umidi, soprattutto nelle foreste
- **DISTRIBUZIONE** Centro e Sud America, Africa centrale e meridionale, Asia sudorientale, Australia e Nuova Zelanda
- **DIETA** vermi terricoli, insetti e ragni

DATI E STATISTICHE

CIRCA 100 SPECIE

Molti onicofori si trovano nelle foreste tropicali, ma vivono anche in climi più freschi nell'emisfero australe.

NUMERO DI ZAMPE

Il numero di zampe varia da 13 a 23 paia.

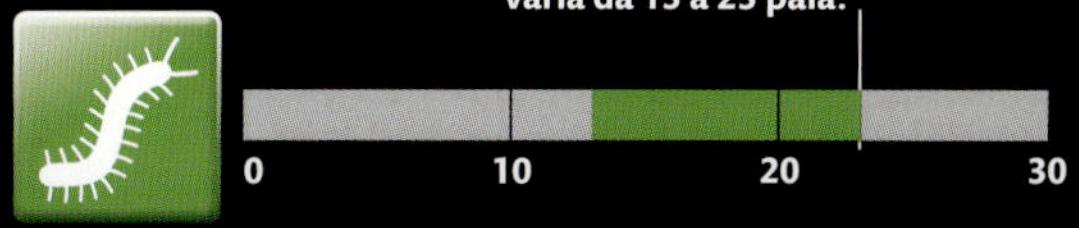

NUMERO DEI PICCOLI

Fino a 30 l'anno; alcune specie sono vivipare, altre depongono uova.

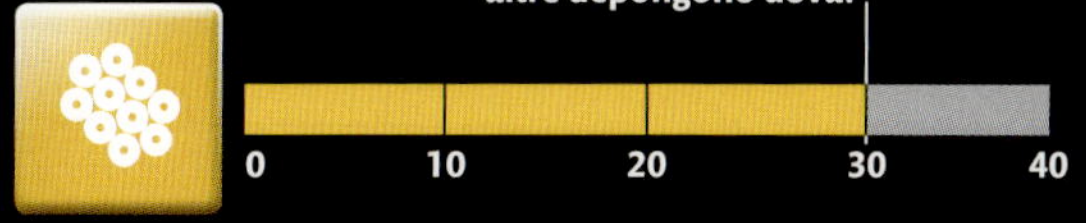

DURATA DELLA VITA: FINO A 7 ANNI

IMBOSCATA MORTALE
Questa mosca ha catturato una libellula *Plathemis lydia*, anch'essa cacciatrice rapida e formidabile; la colpisce in un punto debole del corpo corazzato e inietta un veleno che scioglie la carne.

ASSASSINA DI INSETTI

MOSCA PREDATRICE

Le mosche di solito sono creature piccole che si nutrono di cibo zuccherino come il nettare dei fiori, ma gli asilidi sono cacciatori potenti e aggressivi che attaccano altri insetti sorprendendoli in volo. Li individuano con i grossi occhi composti, li afferrano con le robuste zampe setolose e vi affondano il rostro affilato iniettando una dose di saliva tossica e paralizzante. Gli enzimi digestivi riducono in poltiglia i tessuti interni della vittima in modo che la mosca predatrice possa consumare il suo pasto.

A COLPO D'OCCHIO

- **DIMENSIONI** fino a 5 cm di lunghezza
- **HABITAT** preferiscono habitat aperti, caldi, persino aridi
- **DISTRIBUZIONE** in tutto il mondo
- **DIETA** altri insetti

DATI E STATISTICHE

CIRCA 7.000 SPECIE

Gli asilidi sono attivi durante il giorno; di notte riposano, spesso vicino alla loro fonte di cibo.

VITA DELL'ADULTO: FINO A 3 MESI

DIMENSIONI DELLA PREDA

Uccide insetti lunghi fino a 7,5 cm.

cm 2 4 6 8
in 1 2 3

DURATA DEL PASTO

Per consumare una singola vittima impiega circa 30 minuti.

min 10 20 30 40 50

PRODEZZA
INGEGNERISTICA

TRAPPOLE APPICCICOSE

ARANEIDE

Tutti i ragni si nutrono di altri animali, ma molti non cacciano: usano la loro seta per tessere trappole elaborate, aspettando che le prede vi si impiglino. Le più spettacolari sono le tele circolari degli araneidi e dei nefilidi, che costruiscono stupende spirali di seta appiccicosa tra piante e cespugli. Il ragno si sposta senza problemi sulla sua rete, ma gli insetti vi rimangono intrappolati, e i loro tentativi di liberarsi lo attireranno: avvolgerà rapido le vittime nella seta prima di assestare il morso fatale.

A COLPO D'OCCHIO

- **DIMENSIONI** fino a 17 mm di lunghezza
- **HABITAT** campi erbosi e versanti delle colline
- **DISTRIBUZIONE** Europa, Asia e Nord Africa
- **DIETA** insetti come cavallette, mosche e farfalle

DATI E STATISTICHE

CIRCA 3.000 SPECIE

Gli araneidi si trovano in tutto il mondo; sono la terza famiglia più numerosa di ragni.

VITA DELLA FEMMINA: CIRCA 1 ANNO

ANIMALE DA RECORD
Le tele circolari più grandi sono quelle dei nefilidi, alte 6 m e larghe 2 m.

FORZA
A parità di peso i fili di seta sono 5 volte più forti dell'acciaio.

TEMPO
Ci vogliono circa 60 minuti per costruire una tela e il ragno la ripara anche 2 o 3 volte al giorno.

PROLE
I piccoli di ragno si sparpagliano sui fili di seta per costruire ognuno la sua tela.

PRANZO CONFEZIONATO
Il vistoso ragno vespa, giallo e nero, spesso costruisce le sue tele nell'erba alta per catturare cavallette e grilli. Questo ragno sta fasciando la vittima con i suoi nastri di seta, secreta dalle filiere poste all'estremità dell'addome.

NASTRI SERICEI

Le tele dei ragni vespa e di specie affini sono decorate con nastri a zigzag di seta bianca scintillante. Gli studiosi non sono certi del loro scopo; c'è chi suggerisce che queste bande serpentine, chiamate stabilimenta, rendano visibile la tela agli uccelli che così evitano di distruggerla volando. Secondo un'altra teoria, servono a nascondere il ragno, rendendolo meno individuabile dai predatori.

KILLER IN INCOGNITO

MANTIDE ORCHIDEA

Tra le spettacolari orchidee delle foreste tropicali asiatiche potrebbe nascondersi un'ospite mortale: la mantide orchidea. La sua meravigliosa livrea è sfumata di rosa e bianco e le graziose placche a forma di petalo camuffano le zampe. L'animale resta immobile in attesa della preda che si avvicina in cerca di un pasto a base di nettare. Quando la vittima si posa nel suo raggio d'azione, la mantide la afferra con le zampe anteriori spinose e la mangia viva.

Trappola mortale

La mantide orchidea è strettamente imparentata con la mantide religiosa e ha gli stessi potenti arti anteriori, coperti di spine, che funzionano come una trappola. L'animale può farle scattare e serrarle intorno alla vittima in una frazione di secondo prima che questa abbia qualche possibilità di fuga.

DATI E STATISTICHE

CIRCA 2.300 SPECIE

La mantide orchidea appartiene a un grande gruppo di insetti predatori che si trovano nelle regioni calde di tutto il mondo.

UOVA
La femmina depone fino a 400 uova in un involucro protettivo.

VELOCITÀ DI ATTACCO
La velocità di attacco è inferiore a 100 millisecondi.

VISUALE
La mantide può ruotare la testa di 300°.

DIFESA
Alcune mantidi assumono pose minacciose per spaventare i nemici.

VITA DELL'ADULTO: 1 ANNO

La mantide tiene gli arti anteriori ripiegati ma pronti a scattare fulminei.

I grandi occhi composti hanno una vista molto acuta per puntare gli insetti sue prede.

"La mantide di solito comincia a mangiare la preda dalla testa."

UN AFFARE RISCHIOSO

Grande meno della metà della femmina, la mantide orchidea maschio sembra un insetto completamente diverso. Anche la femmina potrebbe sbagliarsi e mangiarselo, perciò quando cerca una compagna deve avvicinarsi con estrema attenzione... e darsela a gambe dopo l'accoppiamento!

A COLPO D'OCCHIO

- **DIMENSIONI** femmina fino a 7 cm di lunghezza; maschio fino a 2,5 cm
- **HABITAT** foresta pluviale tropicale
- **DISTRIBUZIONE** Asia sudorientale
- **DIETA** soprattutto insetti che si nutrono di nettare, ma attacca qualunque insetto e persino piccoli roditori, uccelli e lucertole

SFILATA DI MANTIDI

Mantide fantasma

Con il suo aspetto di foglia secca e stropicciata, questa piccola mantide africana si nasconde tra le foglie morte; prede e predatori non la vedono finché non è troppo tardi.

Mantide marrone

Le mantidi sono feroci predatori, ma anche loro hanno nemici. Questa, per spiazzare gli avversari, assume una posa minacciosa per sembrare più pericolosa di quanto non sia in realtà.

Mantide foglia secca

Normalmente questa mantide asiatica è quasi invisibile perché si mimetizza da foglia secca. Ma quando viene attaccata si solleva in questa posa scenografica.

Mantide fiore del diavolo

È una delle specie di mantidi più grandi, vive nell'Africa orientale e si apposta sui fiori pronta all'attacco. Si mimetizza da petali raggrinziti o da foglie secche.

UN SINISTRO PREDATORE

CIMICE ASSASSINA

La cimice assassina del genere *Apiomerus* tiene fede al suo nome. Appostata su un fiore, aspetta che un'ape si posi in cerca di nettare e polline. La vittima di rado si accorge della presenza della cimice; questa la afferra all'improvviso con le potenti zampe anteriori, cerca un punto morbido nella corazza e affonda il suo rostro cavo e ricurvo per iniettare un po' di saliva letale; il fluido digerisce i tessuti interni dell'ape e li trasforma in una poltiglia densa, pronta da bere.

A COLPO D'OCCHIO

- **DIMENSIONI** fino a 3 cm di lunghezza
- **HABITAT** aree asciutte con piante fiorite
- **DISTRIBUZIONE** dagli USA settentrionali fino all'Argentina
- **DIETA** api e altri insetti che si nutrono di nettare

DATI E STATISTICHE

CIRCA 110 SPECIE

Le cimici assassine vivono in tutto il mondo, ma *Apiomerus* si trova solo nelle Americhe.

DURATA DELLA VITA 3 MESI

DURATA DEL PASTO

L'insetto impiega circa 60 minuti per mangiare (svuotare) la preda.

10 20 30 40 50 60 70 min

ATTIVITÀ

Le cimici assassine sono predatori diurni lenti, ma abili in volo.

ARMI

Hanno arti anteriori appiccicosi per afferrare la preda e saliva velenosa.

AGGUATO MORTALE

INCONTRO FATALE

Paralizzata per effetto del liquido che le è stato iniettato, questa ape mellifera sporca di polline presto verrà risucchiata completamente. Terminato il suo pasto, la cimice butterà via il guscio vuoto e si preparerà per una nuova imboscata.

IMBOSCATA!

Questo ragno a porta-trappola nordamericano ha afferrato la preda e si prepara a colpirla con i denti velenosi. Tenendo le zampe posteriori ancorate nella tana, la trascina nel suo rifugio.

MINACCIA SOTTERRANEA

RAGNO A PORTA-TRAPPOLA

Questo ragno massiccio ha un modo ingegnoso di catturare le prede. Vive in una tana rivestita di seta con una sorta di "porta a battente" fatta di terra e seta. Durante il giorno questa resta chiusa, nascosta sotto la terra, e protegge l'animale dai predatori. Quando cala la notte il ragno la tiene un poco aperta e aspetta con le 4 zampe anteriori fuori dalla tana. Può percepire anche il minimo movimento. Alcune specie tendono persino dei fili di innesco intorno alla tana: qualunque piccolo animale vi inciampi, difficilmente riuscirà a fuggire.

A COLPO D'OCCHIO

- **DIMENSIONI** fino a 2,5 cm di lunghezza
- **HABITAT** soprattutto in terreno aperto, spesso lungo i pendii
- **DISTRIBUZIONE** Nord America meridionale
- **DIETA** insetti, altri ragni, rane, piccole lucertole e topi

DATI E STATISTICHE

CIRCA 128 SPECIE

I ragni a porta-trappola vivono nelle zone più calde del mondo. Molti restano nella stessa tana per tutta la vita.

DURATA DELLA VITA CIRCA 5 ANNI

TANA

La buca può essere profonda anche 30 cm.

cm 10 20 30
in 4 8 12

VELOCITÀ

Il ragno impiega circa 0,3 secondi per attaccare la preda.

PROLE

Ogni ragnetto si scava la sua tana, e diventando più grande la allarga un poco.

INVASORE LETALE

ICNEUMONIDE

Gli icneumonidi sono insetti nettarivori dall'aspetto fragile e innocuo, ma appena nati sono micidiali. Quando una femmina è pronta a deporre un uovo, usa le sensibili antenne per localizzare la larva di un altro insetto all'interno di un albero morto. Con il lungo ovopositore perfora il legno fino alla sua tana e vi depone l'uovo. Quando si schiude, la larva neonata si nutre dell'organismo ospite ancora vivo; sarà pronta per lasciare il nido alla morte della sua fonte di cibo.

A COLPO D'OCCHIO

- **DIMENSIONI** fino a 5 cm di lunghezza, più un lungo organo tubolare per deporre le uova (ovopositore)
- **HABITAT** soprattutto foreste
- **DISTRIBUZIONE** in tutto il mondo
- **DIETA** gli adulti di solito succhiano nettare o linfa di piante; le larve mangiano larve di altri insetti

DATI E STATISTICHE

CIRCA 24.000 SPECIE

Gli icneumonidi sono una grande famiglia di insetti simili che vivono in tutto il mondo.

VITA DELL'ADULTO 1 MESE

ANIMALE DA RECORD

cm 5 10 15 20

in 2 4 6

La *Megarhyssa atrata* ha l'ovopositore più lungo: 4 volte la lunghezza del corpo.

UOVA

Depone fino a 20 uova, ognuno in una larva diversa.

PERFORAZIONE

Alcune specie impiegano circa 1 ora per forare la tana di una larva.

TRAPANO POTENTE

Il tubicino per deporre le uova dell'icneumonide non è più largo di un capello, eppure può perforare il legno. Incredibilmente, la punta affilata e rotante presenta tracce di metallo che consentono all'animale di bucare le fibre legnose più dure.

ABBRACCIO MORTALE

RAGNO GRANCHIO DEI FIORI

Per gli insetti nettarivori come api e sirfidi, ogni fiore che visitano potrebbe essere l'ultimo perché appostato tra i petali colorati potrebbe esserci un ragno granchio dei fiori. Di solito ben mimetizzato, questo minuscolo cacciatore se ne sta con le zampe anteriori allungate, pronto ad afferrare le prede e colpirle con i denti velenosi. Su un fiore giallo il ragno è quasi invisibile, e se si sposta su uno bianco cambia lentamente colore. Nel frattempo, sta così immobile che coglie di sorpresa le sue vittime.

A COLPO D'OCCHIO

- **DIMENSIONI** fino a 1 cm di lunghezza
- **HABITAT** soprattutto fiori gialli e bianchi
- **DISTRIBUZIONE** Europa e Nord America
- **DIETA** soprattutto insetti nettarivori

DATI E STATISTICHE

CIRCA **42** SPECIE

Le varie specie si trovano in tutto il mondo.

DIMENSIONI DELLA PREDA
Cattura prede grosse fino a 2 cm, come api mellifere.

DIFESA
Si mimetizza, nascosto sotto un fiore, appeso a un filo.

CAMBIAMENTI CROMATICI
Impiega circa 10-25 giorni per cambiare da bianco a giallo, e circa 6 giorni per tornare bianco.

UOVA
La femmina produce una covata sola nella vita.

DURATA DELLA VITA **1** ANNO

PRANZO LIQUIDO

Con i denti del ragno affondati nella testa, questo sirfide è morto pochi secondi dopo la cattura. Il ragno inietta un veleno che liquefà i tessuti interni della vittima, in modo da potersi poi gustare il pranzo.

CACCIATORE IMPAVIDO

VITTIMA IMPOTENTE

Paralizzata dal potente veleno della vespa, questa tarantola non può fare niente per evitare di essere trascinata nella tana dell'insetto, che deporrà un singolo uovo nel suo corpo immobile e riempirà la buca prima di volare in cerca di un'altra vittima.

CACCIATORE DI TARANTOLE

VESPA *PEPSIS*

Sono pochi gli insetti che vorrebbero vedersela con una tarantola, ma questa vespa gigante la va addirittura a cercare. Come molte vespe, depone le uova nel corpo paralizzato di altri animali, in questo caso grossi ragni pelosi, che poi le larve mangeranno vivi. Per prima cosa però la femmina deve attirare la tarantola fuori dal suo nido. Il ragno è armato di grossi denti, ma quando si solleva per attaccare, la vespa piega in avanti la coda e affonda il pungiglione nel lato inferiore della vittima. In pochi secondi il ragno rimane indifeso e la vespa prende il suo trofeo.

A COLPO D'OCCHIO

- **DIMENSIONI** fino a 7 cm di lunghezza
- **HABITAT** soprattutto deserti e praterie secche
- **DISTRIBUZIONE** Stati Uniti meridionali fino al Sud America
- **DIETA** gli adulti succhiano il nettare; le larve mangiano ragni paralizzati

DATI E STATISTICHE

CIRCA 18 SPECIE

Le vespe cacciatrici di ragni vivono in tutto il mondo, le *Pepsis* cacciatrici di tarantole solo in America.

VITA DELL'ADULTO 2-4 MESI

DIMENSIONI DELLA PREDA

Fino a 10 cm

cm 5 10 15

in 2 4 6

DIFESA

I colori vivaci della vespa sono un avvertimento del suo potente pungiglione.

SVILUPPO DELLA LARVA

Le larve mangiano il ragno per 37 giorni prima di impuparsi durante l'inverno.

VISIONE A TUTTO TONDO

LIBELLULA IMPERATORE

Grande, veloce e dai colori accesi, la libellula imperatore è uno degli insetti volanti più spettacolari. Appartiene alla famiglia degli escnidi, che perlustrano il territorio in cerca di prede volanti. Può sfrecciare in avanti, librarsi e persino volare all'indietro o di lato per afferrare gli insetti con le sue zampe appositamente conformate. Spesso mangia le prede in volo, riducendole in poltiglia con le potenti mandibole seghettate.

A COLPO D'OCCHIO

- **DIMENSIONI** circa 7,8 cm di lunghezza
- **HABITAT** nei pressi di stagni, laghi, fiumi e paludi
- **DISTRIBUZIONE** ampiamente diffusa in Europa, Asia occidentale e Nord Africa
- **DIETA** gli adulti mangiano insetti volanti; le larve si nutrono di animali acquatici

Supervista

La libellula caccia a vista usando gli enormi occhi composti. Ognuno di essi è costituito da almeno 30.000 minuscole lenti, il quintuplo di quelle degli occhi di una mosca. Ciò consente all'insetto la vista necessaria a individuare la preda e puntarla con accuratezza mortale.

Gli occhi enormi coprono gran parte del capo, offrendole una visione a tutto tondo per individuare le prede.

DATI E STATISTICHE

CIRCA 3.000 SPECIE

Le libellule vivono in tutto il mondo. Alcune specie sono grandi predatori volanti, altre più piccole cacciano da un posatoio.

LARVE
Le larve vivono sott'acqua per 2 anni, cacciando altri insetti, girini e anche piccoli pesci.

A SEGNO
Le libellule sono i cacciatori più efficienti del pianeta: catturano più del 95% delle prede.

VISIONE CROMATICA
Le libellule possono vedere più colori di un uomo.

VELOCITÀ
Le libellule più grandi possono volare fino a 54 km/h.

VITA DELL'ADULTO: FINO A 8 SETTIMANE

OCCHIO COMPOSTO

Gli occhi degli insetti adulti sono composti da migliaia di unità coniche, ognuna dotata di una lente che focalizza la luce su un gruppo di cellule sensoriali. Queste possono percepire solo un punto colorato, ma tutti i punti insieme creano un'immagine completa.

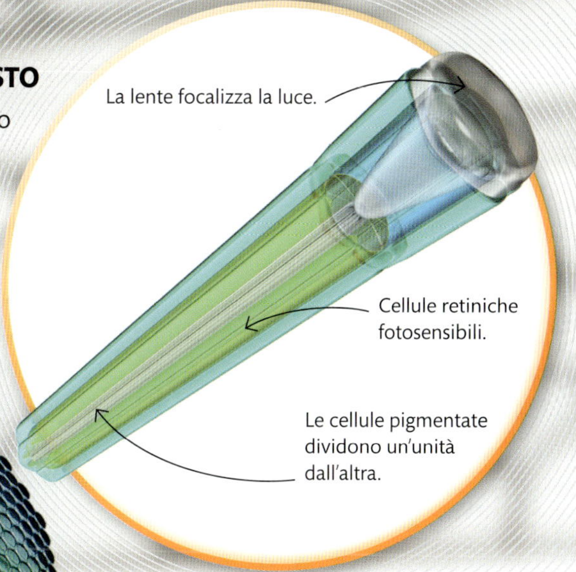

"Gli insetti non hanno palpebre, si puliscono gli occhi con le zampe anteriori."

VISIONE D'INSIEME

L'immagine creata dall'occhio composto di un insetto è costituita da migliaia di puntini colorati, come fossero i pixel di una fotocamera digitale. Più puntini ci sono, meglio è: considerando che la libellula ne mette a fuoco più di ogni altro insetto, possiamo dire che ha la vista migliore, anche se non sapremo mai cosa vede esattamente.

ACROBATA AEREO

Le due coppie di ali lunghe della libellula non sono collegate tra loro come quelle di altri insetti, per esempio delle farfalle, e si possono muovere in modo indipendente per un sensazionale controllo del volo. La libellula le sfrutta al massimo, esibendosi in acrobazie mozzafiato mentre insegue le prede in volo: è così agile che pochi insetti riescono a sfuggirle, il che la rende uno dei predatori di maggior successo del pianeta.

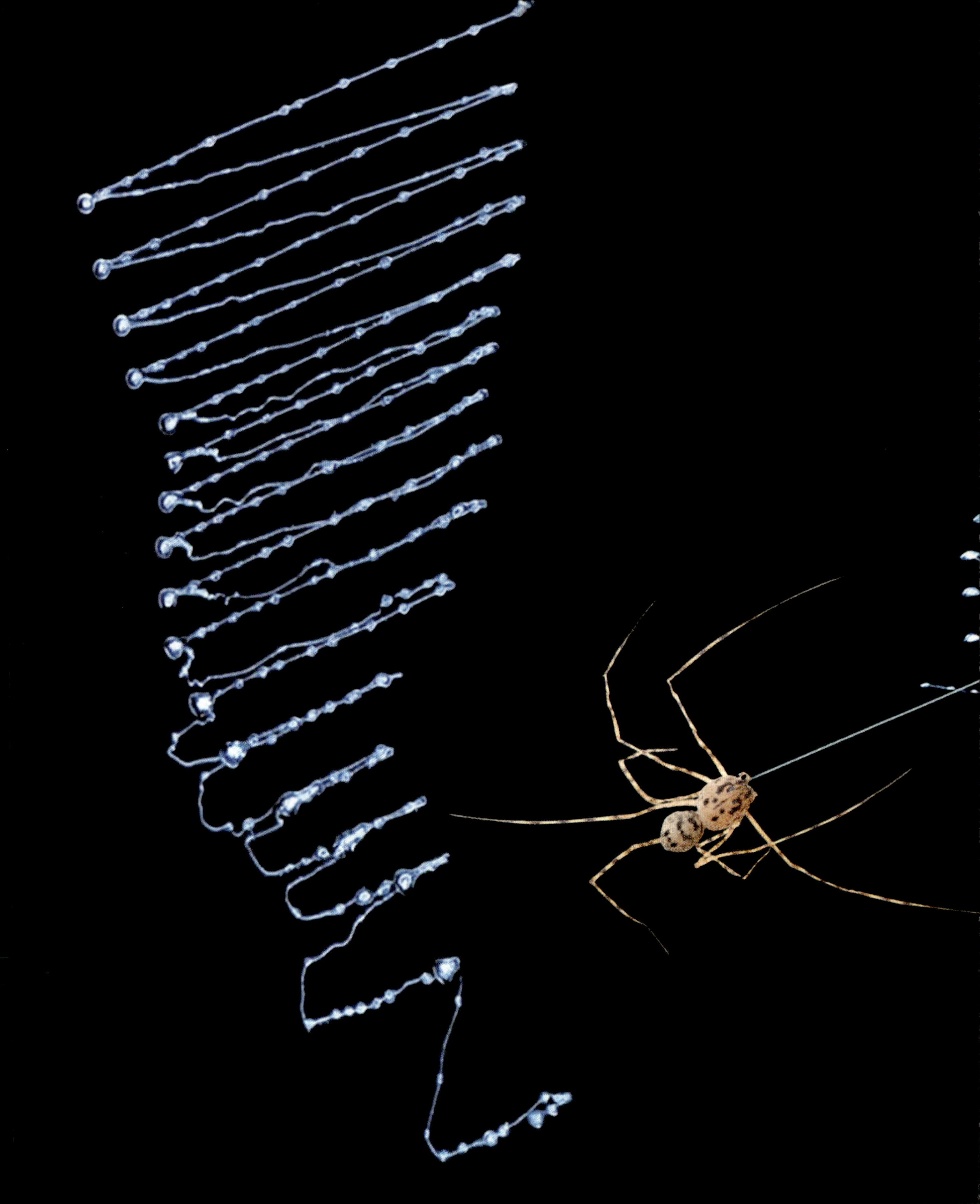

FUOCO INCROCIATO
Il ragno sputatore spara in aria una serpentina di colla a una velocità così elevata che la preda non ha il tempo di fuggire. Il ragno della foto ha spruzzato la sua trappola mortale su un vetrino da microscopio, prima con un dente, poi con l'altro.

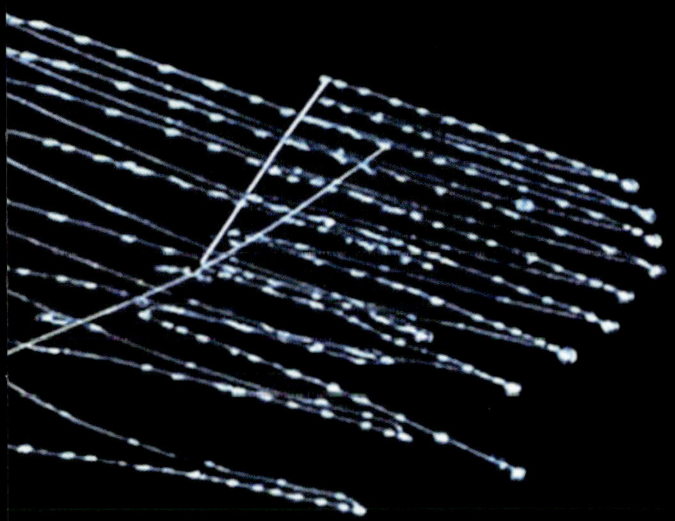

TRAPPOLA VELENOSA

RAGNO SPUTATORE

Questo ragno sembra troppo piccolo per spaventare animali più grandi di un moscerino, ma ha una straordinaria arma segreta. Nella testa a forma di cupola si trovano un paio di grosse ghiandole che producono un veleno mescolato a una sostanza collosa simile a seta liquida. Quando avvista la preda, spruzza il mix mortale dai denti e, scuotendo rapidamente la testa a sinistra e destra, crea una serpentina di colla velenosa. In una frazione di secondo la vittima è immobilizzata dalla rete e il ragno può assestare un ultimo morso fatale.

A COLPO D'OCCHIO

- **DIMENSIONI** fino a 6 mm di lunghezza
- **HABITAT** foreste, e spesso nelle case dove il clima è più fresco
- **DISTRIBUZIONE** in tutto il mondo
- **DIETA** insetti e ragni

DATI E STATISTICHE

CIRCA 150 SPECIE

La trappola tossica viene tessuta in un settecentesimo di secondo.

DURATA DELLA VITA FINO A 3 ANNI

ATTIVITÀ
Di solito caccia di notte; localizza le prede percependo i movimenti dell'aria.

VELOCITÀ
Il veleno mortale del ragno può raggiungere i 28 m/sec.

VISTA
Di solito i ragni hanno 8 occhi, ma i ragni sputatori ne hanno 6.

UOVA
La femmina depone fino a 100 uova in un ovisacco, a grappoli di 20-25.

PREDATORE VORACE

DITISCO MARGINATO

Perfettamente adattato per la vita subacquea, il ditisco marginato è un predatore feroce che caccia una grande varietà di creature acquatiche. Questo insetto dal corpo affusolato usa le lunghe zampe posteriori frangiate di peli per nuotare, come fossero remi. Inoltre, in una bolla sotto le elitre, trasporta una scorta vitale di aria.

Volo notturno

Anche se trascorre gran parte della vita in acqua, il ditisco sa volare molto bene. Di solito si sposta di notte per cercare un nuovo stagno, osservando la luce della luna riflessa nell'acqua. Talvolta, per sbaglio, si posa anche sui tetti lucidi delle auto!

RACCOLTA DI ARIA

Come tutti gli insetti adulti, il ditisco ha bisogno di aria per respirare, e perciò ne porta sempre una scorta con sé: per raccoglierla nuota a pelo d'acqua, solleva l'estremità della coda e spinge l'aria sotto le elitre. La sua riserva dura per diversi minuti.

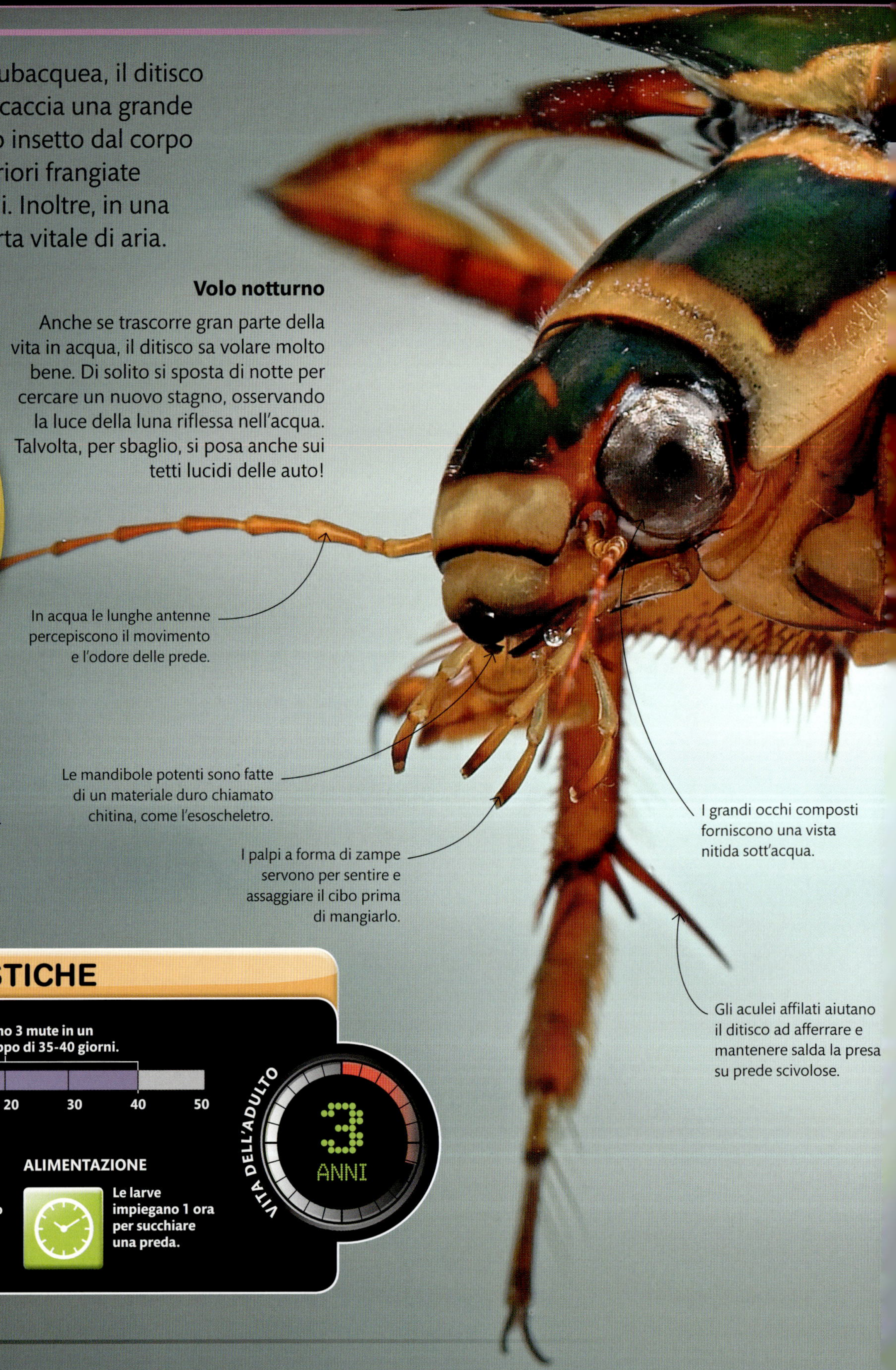

DATI E STATISTICHE

CIRCA 26 SPECIE

Le varie specie strettamente imparentate vivono nelle acque dolci di Europa, Asia, Nord Africa, Nord e Centro America.

STADIO LARVALE

Le larve fanno 3 mute in un periodo di sviluppo di 35-40 giorni.

0 10 20 30 40 50

MORSO

Le potenti mandibole possono mordere gran parte delle prede.

ALIMENTAZIONE

Le larve impiegano 1 ora per succhiare una preda.

VITA DELL'ADULTO 3 ANNI

"Con uno schizzo di fluido maleodorante tiene lontani i nemici."

KILLER IN AGGUATO

La larva acquatica del ditisco è vorace come i genitori. Si aggira furtiva tra la vegetazione o si sporge sotto la superficie, tendendo agguati alle prede con i lunghi denti ricurvi; con essi inietta un veleno che liquefà la carne per poter succhiare le vittime. Le larve talvolta si predano anche a vicenda.

A COLPO D'OCCHIO

- **DIMENSIONI** adulto fino a 3,5 cm; larva fino a 6 cm
- **HABITAT** stagni di acqua dolce, laghi e fiumi
- **DISTRIBUZIONE** Europa e Asia settentrionale
- **DIETA** insetti acquatici, piccoli pesci e girini

CACCIATRICE FORMIDABILE

Con le mandibole bloccate e pronte all'azione, una formica trappola indonesiana si avvicina al bersaglio. Basta sfiorare uno dei suoi peli sensoriali per farle chiudere le fauci in uno scatto mortale.

ARMA LETALE

FORMICA TRAPPOLA

Questa formica è munita di un'arma incredibilmente efficiente per catturare le prede. Quando spalanca le mandibole, un meccanismo speciale le mantiene aperte grazie ai massicci muscoli dell'apparato boccale. Il meccanismo è controllato da peli simili a vibrisse; quando uno di questi "grilletti" tocca qualcosa, rilascia il blocco: le mandibole si serrano di scatto a una velocità fenomenale, afferrando la vittima e spesso uccidendola sul colpo. Ma la formica usa la sua arma caricata a molla anche per allontanarsi dal pericolo: le basta chiudere di scatto le mandibole verso il terreno per catapultarsi in aria.

A COLPO D'OCCHIO

- **DIMENSIONI** 12 mm di lunghezza
- **HABITAT** foreste tropicali
- **DISTRIBUZIONE** Asia sudorientale
- **DIETA** insetti, ragni e vermi

DATI E STATISTICHE

CIRCA 70 SPECIE

Vivono nelle regioni tropicali e subtropicali di tutto il mondo.

VITA DELL'OPERAIA 6 SETTIMANE

VELOCITÀ DI ATTACCO

Le mandibole si serrano a circa 60 m al secondo.

APERTURA MANDIBOLE

La formica trappola può aprire le mandibole fino a 180°.

DIMENSIONI COLONIA

La dimensione varia secondo la specie, da 100 a 10.000 formiche.

DIFESA

Oltre alle mandibole affilate, le formiche trappola hanno il pungiglione.

PERSECUTORE NOTTURNO

SCORPIONE IMPERATORE

Famosi per il loro pungiglione velenoso, gli scorpioni sono parenti dei ragni; hanno il corpo lungo e segmentato e tenaglie potenti simili alle chele di un granchio. Lo scorpione imperatore è uno dei più grandi: un gigante corazzato che caccia di notte nell'Africa tropicale. È quasi cieco, ma percepisce i movimenti dell'aria e le vibrazioni del terreno con speciali organi sensoriali.

TENAGLIE POTENTI

Le grosse tenaglie dello scorpione imperatore sono la sua arma principale. Usa di rado il pungiglione sulla coda: per uccidere e smembrare le vittime si affida di più alla sua forza bruta. Tuttavia potrebbe aver bisogno di pungere le prede più grosse, come questa lucertola, per impedire che combatta.

A COLPO D'OCCHIO

- **DIMENSIONI** 20 cm
- **HABITAT** foreste tropicali e praterie
- **DISTRIBUZIONE** Africa occidentale
- **DIETA** insetti, ragni, lucertole e piccoli mammiferi come topi

Aculeo sulla coda

Nonostante la struttura da aragosta, lo scorpione imperatore è un tipo di aracnide e ha molte caratteristiche interne di un ragno. Invece dei denti velenosi, ha però un pungiglione sulla coda e un paio di organi sensoriali a forma di pettine sotto il corpo per sentire le vibrazioni del terreno.

"Gli scorpioni esistono sulla Terra da 430 milioni di anni."

PARENTE MORTALE

Il pungiglione dello scorpione imperatore non è più doloroso di quello di un'ape, ma altri scorpioni possono uccidere. L'africano *Scorpio maurus* è uno dei più pericolosi, con un veleno che agisce sul sistema nervoso provocando un arresto cardiaco. È la sua arma principale, perciò le tenaglie sono relativamente piccole.

MISTERIOSO BAGLIORE

Se lo scorpione viene messo sotto una speciale lampada a raggi ultravioletti, al buio si illumina. Questo perché la pelle contiene una sostanza chimica fluorescente, anche se gli studiosi non hanno ancora capito a cosa gli serva.

DATI E STATISTICHE

CIRCA **1.750** SPECIE

Gli scorpioni si trovano nelle zone più calde del pianeta, ma solo 30 delle numerose specie sono tanto velenose da essere pericolose.

ATTIVITÀ

Di giorno gli scorpioni si nascondono sotto le rocce o nelle tane, ed escono di notte per cacciare.

PROLE

La femmina può partorire anche 100 piccoli vivi. Li trasporta sul dorso.

STRATEGIA DI SOPRAVVIVENZA

Gli scorpioni possono rallentare le funzioni corporee e sopravvivere con un pasto all'anno.

DIFESA

Per allontanare i predatori usa il pungiglione velenoso e le potenti tenaglie.

DURATA DELLA VITA: FINO A **15** ANNI

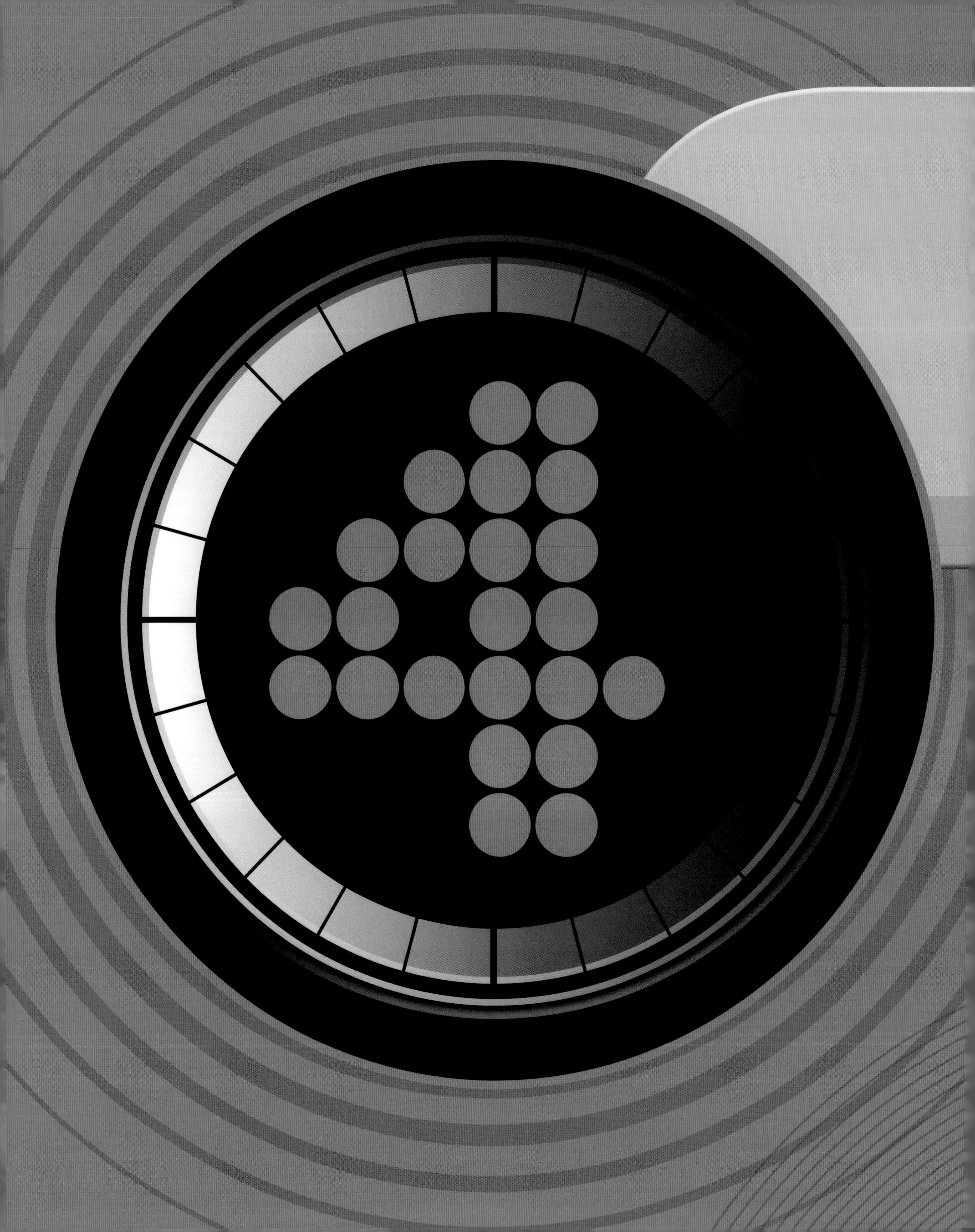
4

MINUSCOLI TERRORI

La maggior parte degli artropodi
ci causa pochi problemi e molti
sono ritenuti essenziali
per la nostra sopravvivenza.
Ma alcuni sono terribili: pungono,
mordono e ci succhiano il sangue.
Facendo ciò ci trasmettono anche
alcune micidiali malattie.

UNO SPAZZINO CASALINGO

MOSCA DOMESTICA

La mosca domestica è uno degli insetti più impopolari, e per buoni motivi. Comune in tutto il mondo, trasporta i microorganismi che causano più di 100 malattie, tra cui il tifo e la poliomielite. Li raccoglie e li diffonde perché cammina e si nutre su escrementi umani, ma anche sul cibo che mangiamo. Nelle regioni con servizi igienico-sanitari efficienti non è un problema serio, ma in luoghi privi di un buon sistema fognario le mosche possono essere vettori di infezioni letali.

A COLPO D'OCCHIO

- **DIMENSIONI** circa 6 mm di lunghezza
- **HABITAT** tutti gli habitat, soprattutto abitati dall'uomo
- **DISTRIBUZIONE** in tutto il mondo
- **DIETA** ogni tipo di cibo animale o umano, rifiuti marci ed escrementi

DATI E STATISTICHE

CIRCA 4.000 SPECIE

La mosca domestica appartiene a una famiglia di mosche simili ed è l'unica vera minaccia per l'uomo.

DURATA DELLA VITA

FINO A 25 GIORNI

UOVA

La femmina depone circa 500 uova, di solito sul cibo che sta mangiando.

GUSTO

La mosca assaggia con le zampe, che sono circa 10.000 volte più sensibili della nostra lingua.

RANGE DEL TERRITORIO

Le mosche si allontanano al massimo di 3 km dal luogo di nascita.

VELOCITÀ

Questi insetti volano a 2 m al secondo e possono battere le ali 200 volte al secondo.

PRANZO DISGUSTOSO

La mosca si nutre succhiando i liquidi con l'apparato boccale spugnoso sotto il capo, qui visibile. Il cibo solido viene liquefatto con saliva o succhi gastrici, che possono contenere organismi patogeni.

ACULEI VELENOSI

BRUCO SELLA

I bruchi sono una preda facile per gli uccelli affamati, che ne divorano una grande quantità. Molti sono protetti da una peluria setolosa irritante, ma alcuni si difendono in modo anche più estremo: il bruco sella ha degli aculei cavi capaci di iniettare un veleno estremamente doloroso. La sua colorazione vivace serve da avvertimento per uccelli, vespe e altri nemici.

"Questo **bruco** è uno degli insetti più **pericolosi** del Nord America."

A COLPO D'OCCHIO

- **DIMENSIONI** il bruco è lungo fino a 2 cm; l'adulto ha un'apertura alare di circa 4 cm
- **HABITAT** praterie, boschi e giardini
- **DISTRIBUZIONE** Nord America orientale
- **DIETA** mangia le foglie di molte piante

Difesa mortale

Questi bruchi sella trascorrono gran parte del loro tempo mangiando e masticando le foglie dure con le mandibole forti e affilate. Sulle escrescenze carnose del loro corpo brillante ci sono gli aculei tossici che li rendono pericolosi al tatto.

DATI E STATISTICHE

CIRCA 1.000 SPECIE

I bruchi spinosi, parenti del bruco sella, si trovano in tutto il mondo, soprattutto nei paesi caldi e tropicali.

COME LUMACHE

Sono detti anche bruchi lumaca per il corpo tozzo e corto e il modo di strisciare.

UOVA

La femmina adulta depone grappoli di 30-50 uova e muore circa 3 settimane dopo.

DIFESA

I colori vivaci del bruco avvertono i predatori delle spine tossiche.

ACULEI

Il dolore provocato dai bruchi è molto simile al pungiglione di un'ape o di una vespa.

VITA DEL BRUCO: FINO A 5 MESI

FALENA ADULTA

Quando i bruchi sono sazi, si impupano e si trasformano in falene tozze e marroni dalle zampe pelose. A differenza dello stadio giovanile, questi insetti sono innocui. Vivono giusto il tempo per accoppiarsi e deporre le uova.

Gli aculei difensivi velenosi bucano la pelle e sovente si spezzano nella ferita.

Il colore verde acceso attorno alla "sella" scura avverte i predatori di tenersi lontani.

BRUCHI VELENOSI

Lonomia obliqua Le setole di questo bruco sudamericano iniettano un potente veleno che uccide una ventina di persone l'anno. Il veleno causa emorragie interne e può provocare danni cerebrali.

Bruco di euprottide Questi bruchi europei si nutrono sugli alberi, protetti da tende sericee. Hanno peli irritanti che si spezzano nella pelle causando dolorose eruzioni cutanee.

Zygaena filipendulae La colorazione accesa gialla e nera avvisa gli uccelli e gli altri predatori che il corpo di questo bruco contiene cianuro, uno dei veleni più micidiali.

Megalopyge opercularis Nonostante la pelliccia "da gatto", questo bruco americano non è affatto innocuo. La peluria morbida nasconde spine velenose che causano nausea e problemi respiratori.

ANIMALE SUCCHIASANGUE

ZECCA DURA

Questi minuscoli aracnidi sono parassiti dotati di un apparato boccale perforante e affilato per succhiare il sangue di rettili, uccelli e mammiferi, tra cui l'uomo. Si attaccano alla vittima per diversi giorni e possono berne il sangue fino a 500 volte il loro peso corporeo. Nel farlo possono trasmettere terribili virus, alcuni dei quali mortali se non vengono trattati.

Le zecche hanno 8 zampe, come i ragni.

Lunga attesa

Virtualmente cieca, la zecca non può saltare né volare, perciò quando ha fame si arrampica sulla punta di un ramoscello o di un filo d'erba e aspetta. Ci possono volere anni prima che passi un animale: allora, percependo il calore del suo corpo, la zecca allungherà le zampe anteriori, si aggrapperà e vi affonderà.

A COLPO D'OCCHIO

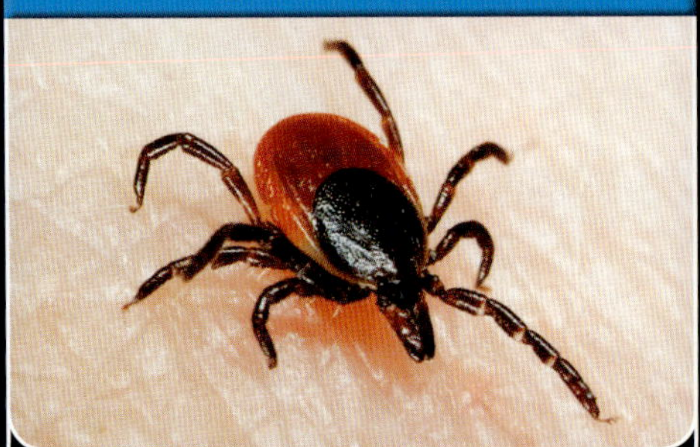

- **DIMENSIONI** fino a 1 cm di lunghezza
- **HABITAT** praterie, brughiere e foreste
- **DISTRIBUZIONE** in tutto il mondo
- **DIETA** sangue

SEMPRE PIÙ GRANDE

Una femmina che si prepara a riprodursi può nutrirsi per 8 o 9 giorni, ingerendo tanto sangue da diventare 10 volte più grande. Quando non ce la fa più a bere, estrae il rostro, abbandona il suo ospite e depone alcune migliaia di uova; quindi muore.

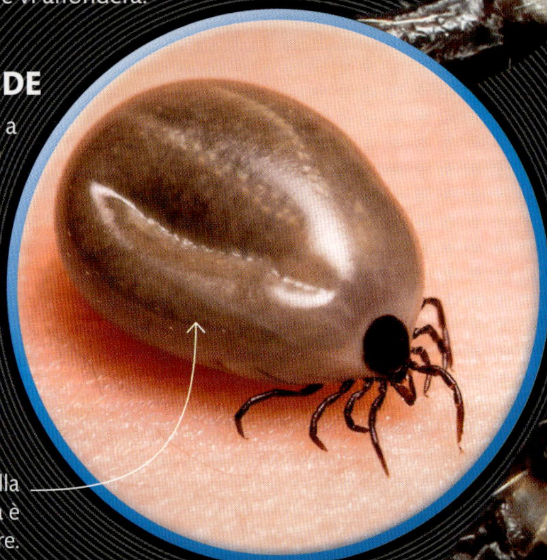

Gonfia del sangue della vittima, questa zecca è pronta a lasciarsi cadere.

DATI E STATISTICHE

CIRCA 700 SPECIE

Le zecche dure hanno il corpo coriaceo e appiattito. Si aggrappano alle piante aspettando che un animale vi si strusci contro.

ALIMENTAZIONE

A una zecca bastano 3 pasti di sangue nell'arco della vita.

Primo pasto	Secondo pasto	Terzo pasto
Alimenta la trasformazione da larva a ninfa.	La aiuta a trasformarsi da ninfa in adulto.	Le consente di riprodursi.

ATTIVITÀ

Le zecche cercano la loro vittima soprattutto di giorno.

SENSI

Possono individuare le vittime con l'olfatto o avvertendone il calore corporeo.

DURATA DELLA VITA: FINO A 7 ANNI

ATTACCO INVISIBILE

La zecca ha un rostro dentellato che inserisce nell'animale dopo averne bucato la pelle con un paio di mandibole seghettate a pinza. Il parassita usa un anestetico prima di mordere, in modo che la vittima non si accorga dell'attacco.

PARENTI MICROSCOPICI

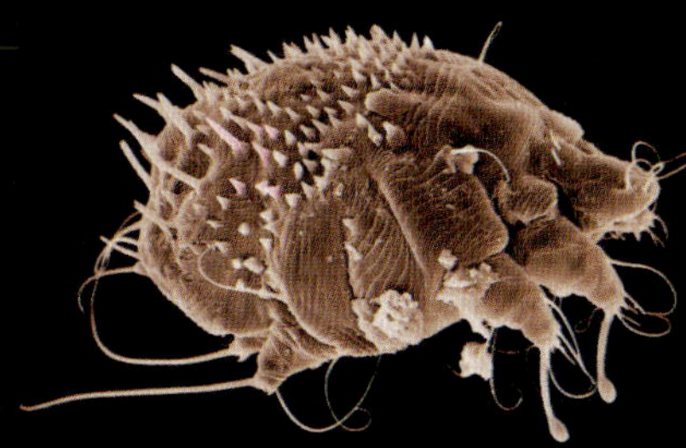

Acaro della scabbia Le zecche sono imparentate con gli acari. Anche alcuni di questi possono crearci problemi, soprattutto l'acaro della scabbia: si infila sotto la pelle, dove si nutre e si riproduce, causando la malattia.

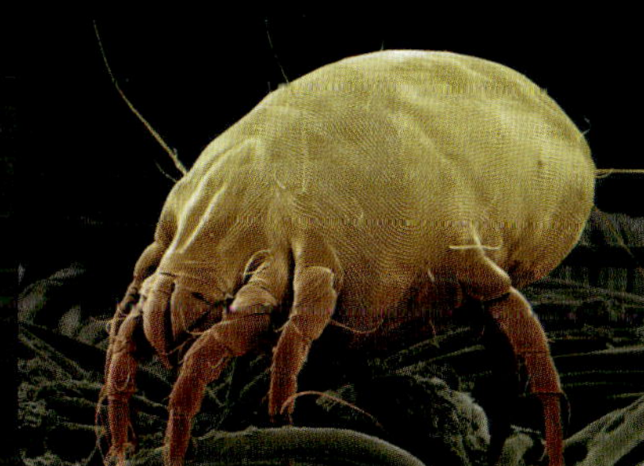

Acaro della polvere Altri acari si nutrono dei frammenti di pelle che perdiamo e che si depositano come polvere. Possono causare un'allergia che provoca starnuti irrefrenabili.

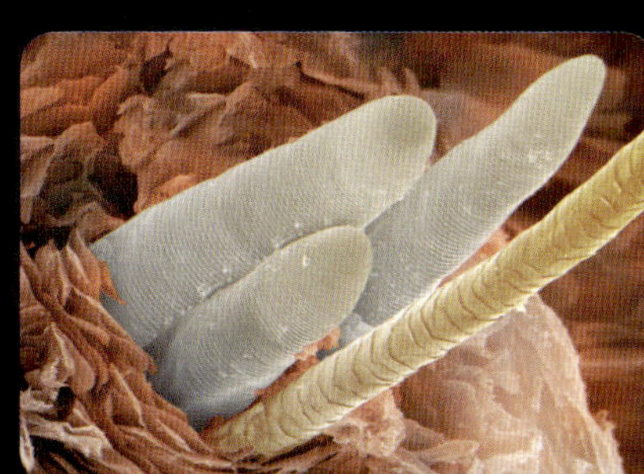

Demodecio dei follicoli Alcuni acari vivono persino nel bulbo delle nostre ciglia, anche se difficilmente ce ne accorgiamo. Si nutrono di cellule cutanee e sebo e diventano un problema solo se sono troppi, ma avviene di rado.

TERRORE A 8 ZAMPE

RAGNO DEI CUNICOLI

Con il suo potente veleno neurotossico in grado di uccidere un uomo, il ragno dei cunicoli apre la lista dei ragni più pericolosi. Parente delle tarantole giganti, ha grossi denti rivolti in basso come quelli di un serpente a sonagli. La femmina di solito resta nella tana; il maschio, dalle zampe più lunghe, può vagare nei giardini o nelle case in cerca di una compagna, specie di notte, quando il suo corpo massiccio e scuro è meno visibile.

Difesa mortale

In caso di pericolo il ragno dei cunicoli si solleva tenendo in aria le zampe anteriori e lasciando cadere gocce di veleno mortale dai lunghi denti. Se decide di attaccare, spesso si aggrappa alla vittima e la morde più volte per iniettare quanto più veleno possibile.

Gli speroni sul secondo paio di zampe del maschio trattengono la femmina durante l'accoppiamento, in modo che non possa mordere.

A COLPO D'OCCHIO

- **DIMENSIONI** corpo fino a 4 cm di lunghezza
- **HABITAT** nelle fessure umide di boschi e giardini
- **DISTRIBUZIONE** Australia sudorientale
- **DIETA** piccoli animali tra cui insetti, lucertole e topi

DATI E STATISTICHE

CIRCA 85 SPECIE

È il più noto di un gruppo di grossi ragni caratterizzati dalla struttura dei denti e dalla tela a forma di imbuto.

UOVA

La femmina depone nella sua tana circa 100 uova in un sacco ovigero sericeo.

DIFESA

Noto per le pose minacciose e aggressive, la sua miglior difesa è un morso velenoso.

ATTIVITÀ

È attivo soprattutto di notte. Durante il giorno si nasconde in zone fresche, umide e riparate.

TANA

La tana del ragno è profonda circa 30 cm e rivestita di seta. Spesso ha una forma a Y, con due ingressi.

VITA DELLA FEMMINA: FINO A 10 ANNI

IL RAGNO PIÙ MORTALE

VELENO LETALE

Il veleno del ragno dei cunicoli maschio è più potente di quello della femmina: attacca il sistema nervoso causando violenti spasmi muscolari, sudorazione, nausea, stato confusionale e infine arresto cardiaco. Ma esiste un antidoto: viene fatto con lo stesso veleno, "spremuto" dai denti di ragni in cattività da volontari addestrati, e coraggiosi!

Il maschio usa i suoi palpi, lunghi e appositamente conformati, per accoppiarsi con la femmina.

I denti lunghi e affilati sono inseriti nelle mandibole robuste che contengono le ghiandole velenifere.

Il ragno deve sollevare il corpo per attaccare, poiché i lunghi denti sono rivolti verso il basso.

ISTINTO DA KILLER

Il rischio di essere morsi da un ragno è minimo, ma alcune specie sono famose per il loro potente veleno.

RAGNO DELLE BANANE Grosso, veloce e aggressivo, si contende lo scettro con il ragno dei cunicoli come il più letale del mondo. Per spaventare i nemici solleva le zampe anteriori nello stesso modo.

VEDOVA NERA Anche se piccola, la vedova nera femmina ha grandi ghiandole che producono un potente veleno neurotossico. I decessi sono rari, ma il morso è estremamente doloroso.

RAGNO EREMITA DEL CILE È il più pericoloso dei ragni eremita: il suo morso provoca terribili ferite che impiegano mesi per guarire. Il veleno può anche causare una fatale insufficienza renale.

RAGNO DELLA SABBIA A 6 OCCHI Si mimetizza nei deserti dell'Africa meridionale e ha il veleno più potente di tutti i ragni. Per fortuna è raro che qualcuno si imbatta in questa specie.

MINACCIA MORTALE

ZANZARA ANOFELE

L'artropode più mortale è la zanzara: gli altri, anche se mordono o pungono, al confronto sembrano docili animaletti. È infatti il vettore di una malattia che uccide più di un milione di persone ogni anno: la malaria. Il microbo patogeno vive nel corpo della zanzara anofele, che lo trasmette all'uomo succhiandone il sangue.

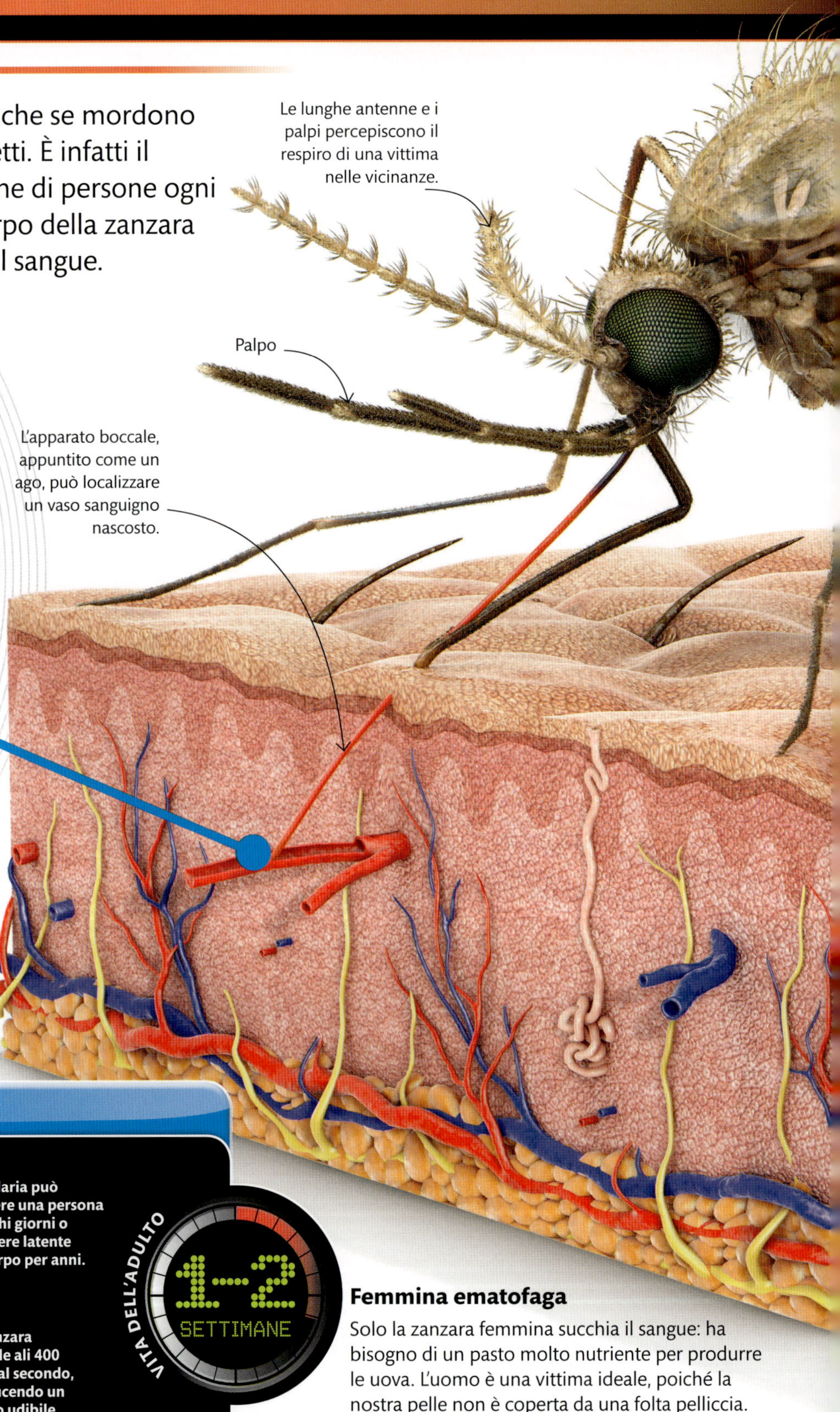

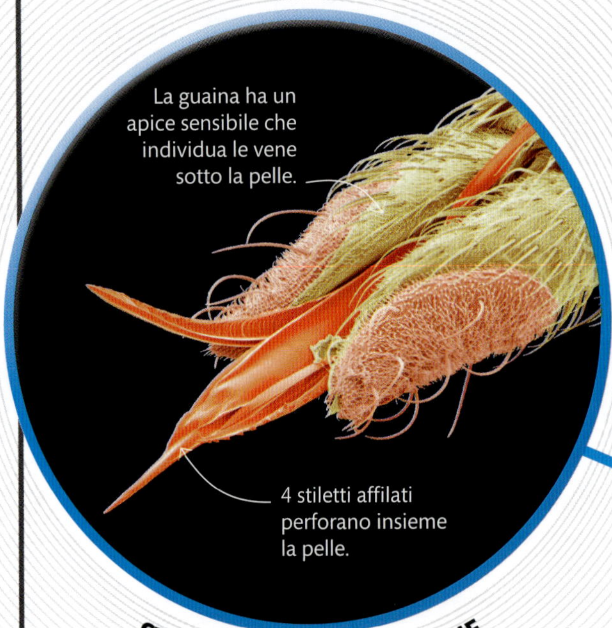

STRUMENTO DI PRECISIONE

Questo ingrandimento mostra il complesso apparato boccale della zanzara. Gli stiletti affilati sono protetti da una guaina morbida e flessibile, che viene retratta quando l'insetto colpisce la vittima. Un tubo sottile inietta la saliva per impedire la coagulazione del sangue mentre uno più largo lo aspira.

DATI E STATISTICHE

CIRCA **465** SPECIE

Esistono migliaia di specie di zanzare che vivono in tutto il mondo, ma solo alcune tropicali trasmettono la malaria.

ATTIVITÀ

Gli adulti sono attivi di notte, soprattutto da mezzanotte alle 4 del mattino.

INCUBAZIONE

La malaria può uccidere una persona in pochi giorni o rimanere latente nel corpo per anni.

TRACCIA DI CALORE

Il calore corporeo e il sudore aiutano le zanzare a localizzare le vittime.

BATTITO ALARE

La zanzara batte le ali 400 volte al secondo, producendo un ronzio udibile.

VITA DELL'ADULTO **1-2** SETTIMANE

Femmina ematofaga

Solo la zanzara femmina succhia il sangue: ha bisogno di un pasto molto nutriente per produrre le uova. L'uomo è una vittima ideale, poiché la nostra pelle non è coperta da una folta pelliccia. La zanzara ha un apparato boccale tubolare lungo e affilato per forare la pelle, sondare in cerca di una vena e aspirare il sangue fino allo stomaco.

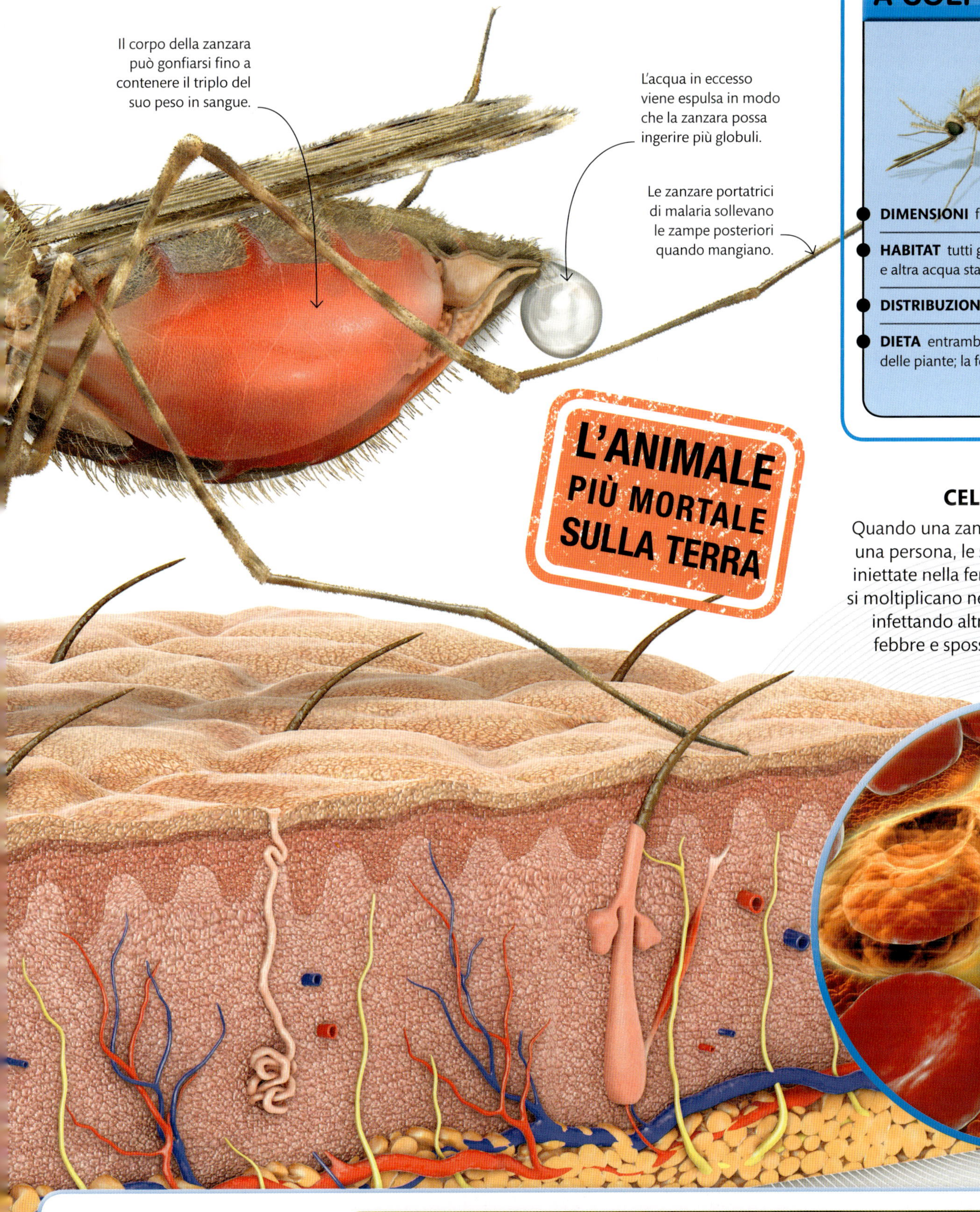

L'ANIMALE PIÙ MORTALE SULLA TERRA

A COLPO D'OCCHIO

- **DIMENSIONI** fino a 8 mm di lunghezza
- **HABITAT** tutti gli habitat con stagni, paludi e altra acqua stagnante
- **DISTRIBUZIONE** Africa tropicale
- **DIETA** entrambi i sessi bevono nettare e linfa delle piante; la femmina beve anche sangue

CELLULE INFETTE

Quando una zanzara infetta da malaria punge una persona, le spore della malattia vengono iniettate nella ferita insieme alla saliva; queste si moltiplicano nei globuli rossi, che esplodono infettando altre cellule. La malattia causa febbre e spossatezza e sovente la morte.

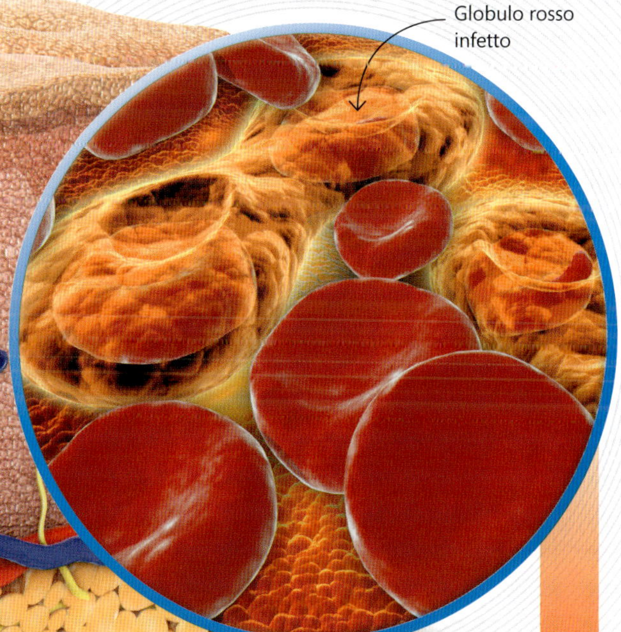

CICLO RIPRODUTTIVO

Le zanzare depongono le uova in pozze d'acqua. Le larve restano sospese sotto la superficie e respirano aria attraverso dei tubicini posti sull'estremità della coda, nutrendosi di microbi alla deriva. Alla fine diventano pupe, poi si trasformano in zanzare adulte munite di ali.

IL BACIO DELL'ASSASSINO

CIMICE TRIATOMINA

Anche se piccola, la cimice triatomina è micidiale. Si nutre di sangue umano e di solito morde le vittime vicino alle labbra, durante la notte. La sua saliva anestetizzante la fa agire indisturbata. Ma non è solo questo il problema: molti di questi insetti sono anche vettori di un microbo che causa il morbo di Chagas, una malattia che colpisce i muscoli e le cellule nervose provocando un violento attacco di febbre. Può portare all'arresto cardiaco e, in alcuni casi, alla morte dopo qualche settimana dall'infezione.

A COLPO D'OCCHIO

- **DIMENSIONI** fino a 2 cm di lunghezza
- **HABITAT** foreste, praterie e abitazioni
- **DISTRIBUZIONE** Sud America tropicale
- **DIETA** sangue

DATI E STATISTICHE

CIRCA **70** SPECIE

Anche se la specie più pericolosa è tropicale, ne vivono alcune simili in Nord America.

UOVA
La femmina depone tra 100 e 600 uova durante i suoi 3-12 mesi di vita.

DIFESA
Per allontanare i predatori, producono un cattivo odore o uno stridio.

PREDE
Attratte dal calore corporeo, si nutrono di sangue di animali domestici oltre che umano.

DIETA LIQUIDA
Dopo il pasto la cimice si gonfia di sangue fino a 4 volte il suo peso corporeo.

DURATA DELLA VITA
FINO A **12** MESI

INIEZIONE MICIDIALE

La cimice triatomina è parente delle cimici assassine: insetti che iniettano nelle vittime una saliva che scioglie la carne, che poi succhiano. Il loro apparato boccale è un ago affilato e cavo, ideale per questa attività.

OSPITE INDESIDERATO

SCARAFAGGIO

I primi scarafaggi apparvero sulla Terra più di 300 milioni di anni fa e sono sempre stati animali di grande successo. Mangiano qualunque cosa e prosperano praticamente ovunque, dai deserti caldi alla tundra artica. Notoriamente alcune specie vivono bene nelle case, banchettando di notte con il nostro cibo e sparendo alla vista di giorno.

Mangiatore poco esigente

La *Blattella germanica* è forse originaria dell'Asia sudorientale, ma grazie alla sua predilezione per gli edifici caldi si è diffusa in tutto il mondo. Questo spazzino si nutre di qualunque cibo umano, sporcandolo con i suoi escrementi. Quando scarseggia, gli scarafaggi si accontentano di saponette o colla, e arrivano persino a mangiarsi tra loro.

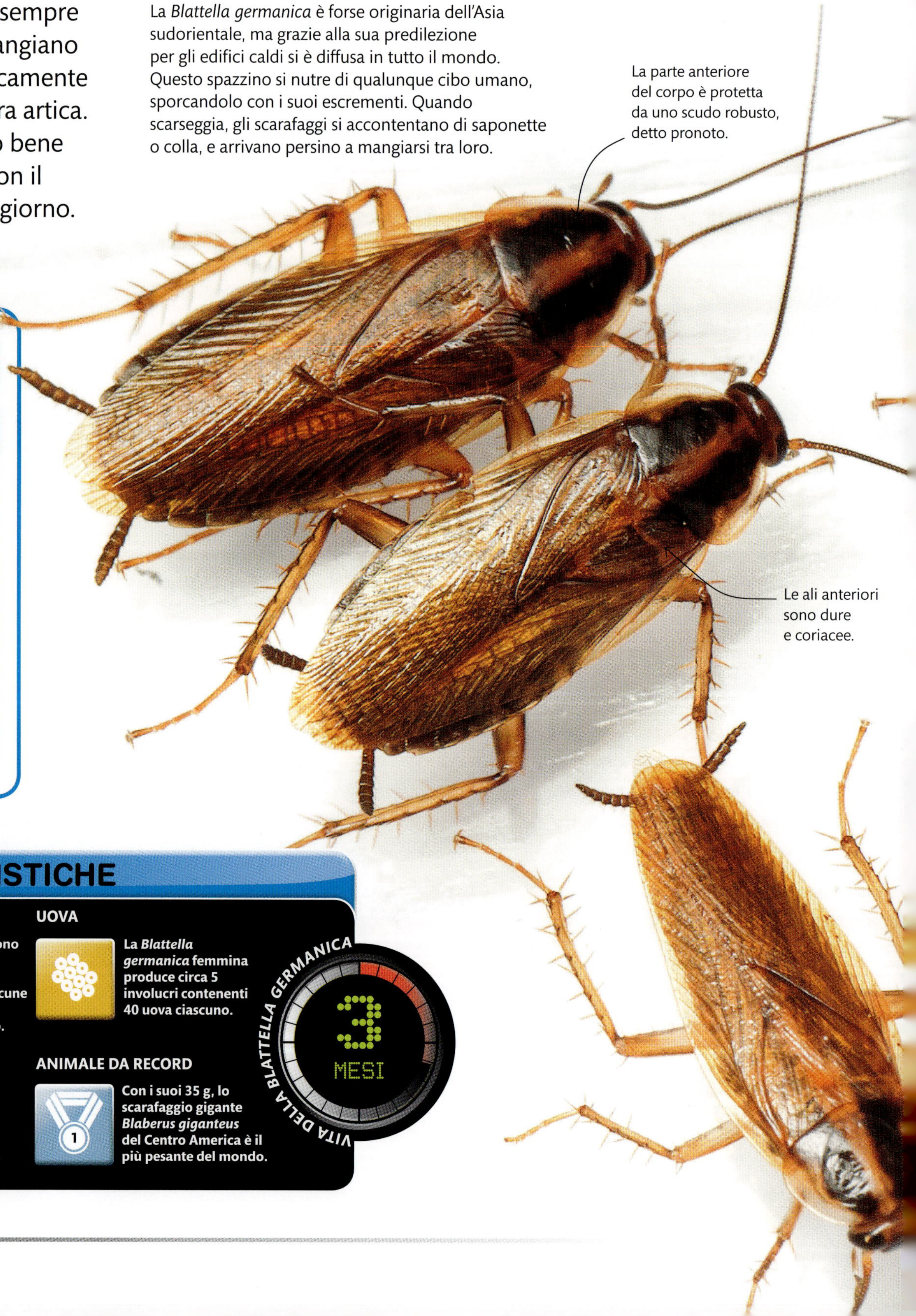

A COLPO D'OCCHIO

- **DIMENSIONI** fino a 16 mm di lunghezza
- **HABITAT** soprattutto edifici in cui si cucina
- **DISTRIBUZIONE** in tutto il mondo
- **DIETA** preferisce cibi a base di carne, farine e zucchero

DATI E STATISTICHE

CIRCA 4.500 SPECIE

Ne esistono migliaia di specie sparse in tutto il mondo, ma solo una trentina vivono in casa e sono considerati nocivi.

INSETTO ROBUSTO

Alcune specie sono estremamente resistenti e sopravvivono alcune settimane con pochissimo cibo.

UOVA

La *Blattella germanica* femmina produce circa 5 involucri contenenti 40 uova ciascuno.

SVILUPPO

Lo scarafaggio fa la muta circa 6 volte prima di raggiungere lo stadio adulto.

ANIMALE DA RECORD

Con i suoi 35 g, lo scarafaggio gigante *Blaberus giganteus* del Centro America è il più pesante del mondo.

VITA DELLA BLATTELLA GERMANICA: 3 MESI

ALTRI SCARAFAGGI

Gli scarafaggi sono considerati fastidiosi, ma la maggior parte delle specie non causa alcun danno: vivono in foreste, praterie, paludi, grotte e altri habitat naturali, nutrendosi di vario materiale animale e vegetale. Sono un anello importante nella catena alimentare, poiché riciclano la materia di scarto e restituiscono al terreno nutrienti essenziali per le piante.

Scarafaggio gigante Lungo fino a 10 cm, questo scarafaggio è degno del suo nome. Vive nelle foreste tropicali americane, di solito in grotte e alberi cavi.

Blatta fischiante Originario del Madagascar, questo grande scarafaggio privo di ali vive nel legno marcescente. Produce un sibilo espellendo l'aria dagli spiracoli.

Pseudophoraspis nebulosa Vive nelle foreste dell'Asia sudorientale ed è una delle tante specie che si prendono cura dei piccoli. Le ninfe sembrano adulti in miniatura senza ali.

OOTECA

La *Blattella germanica* femmina racchiude le uova in un involucro dal guscio duro, detto ooteca. La tiene attaccata al corpo fin quasi alla schiusa. I piccoli si sviluppano in fretta e sono pronti a riprodursi in 60 giorni.

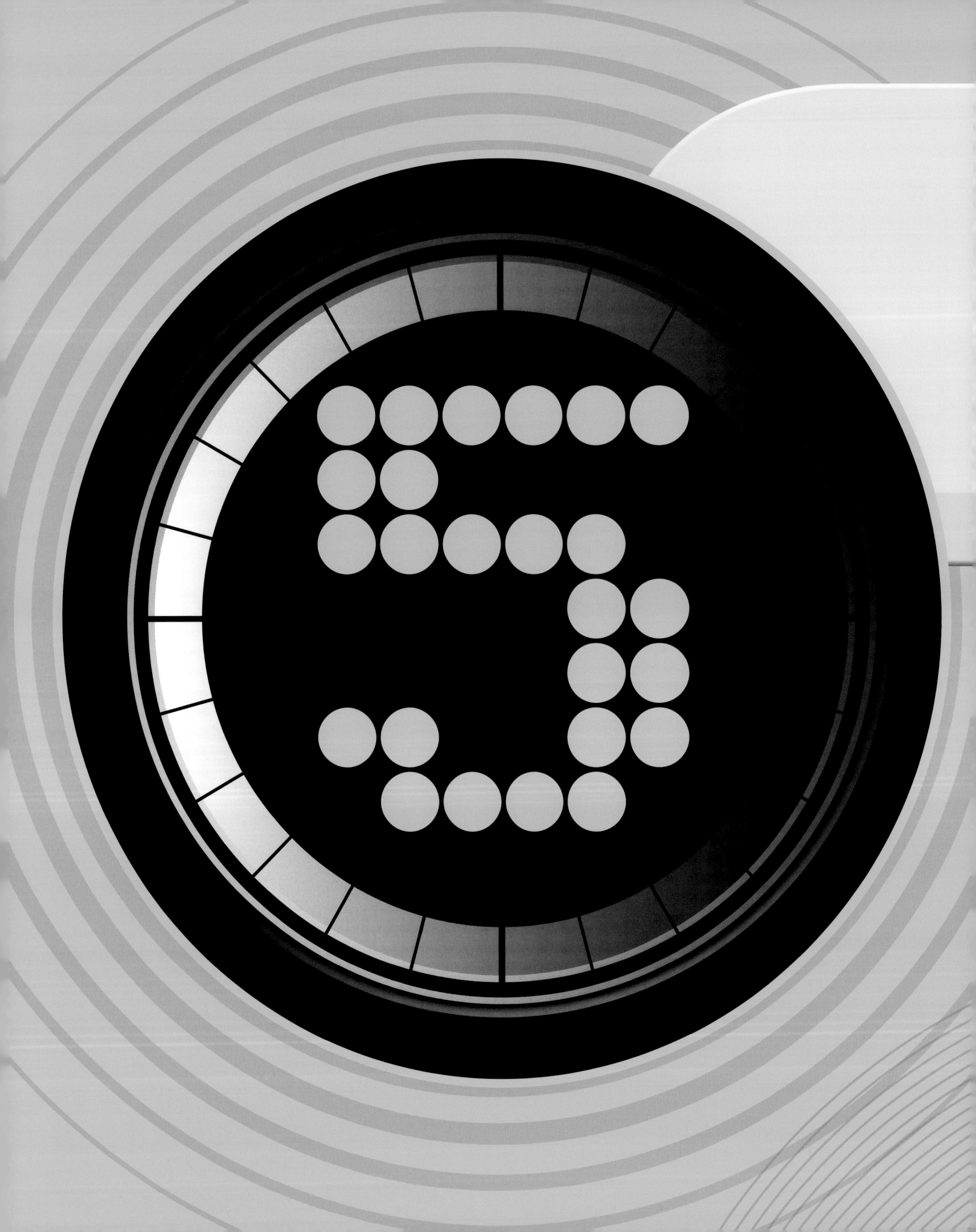
5

STORIE DI VITA

Sono tanti gli artropodi che conducono una vita straordinaria: alcuni vivono in vaste colonie e non possono sopravvivere da soli, altri trascorrono parte della vita in un corpo totalmente differente; altri ancora hanno modi strabilianti di allevare i piccoli e, per finire, ce ne sono alcuni in grado di sopravvivere anche dopo essere stati congelati!

ALLARME ROSSO

VESPA DORATA

Questo insetto sembra un gioiellino, ma la sua lucentezza nasconde un lato oscuro: i crisidi sono parassiti dei nidi, e per questo vengono chiamati anche “vespe cuculo”. Depongono le uova nei nidi di vespe o api solitarie, e quando le larve si schiudono mangiano quelle del nido che le ospita.

Livrea luccicante

Alcuni dei vibranti colori di questa *Chrysis ignita* sono dovuti al riflesso della luce sul corpo. Il suo esoscheletro lucido ha minuscole escrescenze che disperdono la luce creando l’effetto arcobaleno chiamato iridescenza, che cambia secondo l’angolazione e l’intensità della fonte luminosa. La vespa raggiunge il massimo splendore sotto i raggi diretti del sole.

PALLA DIFENSIVA

Invadere il nido di una vespa o di un’ape è pericoloso perché il proprietario è munito di un pungiglione mortale, ma la vespa dorata si difende arricciandosi a palla: la spessa chitina del dorso funziona come una corazza a prova di puntura!

CORAZZA ANTIPUNTURE

A COLPO D'OCCHIO

- **DIMENSIONI** fino a 12 mm di lunghezza
- **HABITAT** soprattutto luoghi asciutti
- **DISTRIBUZIONE** in tutto il mondo
- **DIETA** gli adulti mangiano nettare e polline; appena nati mangiano larve di vespe e api

STRATEGIA RISCHIOSA

Tra gli obiettivi preferiti dalla vespa dorata ci sono i nidi costruiti dalle api solitarie nelle cavità del terreno: qui l'insetto deve deporre un uovo senza farsi scoprire, perciò osserva l'ape e aspetta che si allontani in volo. A quel punto deve agire in fretta prima che torni, ma se venisse scoperta saprebbe difendersi.

Questa vespa dorata sta aspettando che l'ape lasci il nido.

Gli occhi composti, grandi e sporgenti, aiutano a individuare le vittime.

Le antenne sensibili sono incurvate verso il basso per percepire l'odore di un nido.

DATI E STATISTICHE

CIRCA 1.000 SPECIE

I crisidi di diverse specie si trovano negli habitat di tutto il mondo. Hanno le stesse abitudini e molti hanno colori accesi.

ATTIVITÀ

Queste vespe solitarie sono molto attive durante il giorno, e corrono sui muri e sui tronchi degli alberi in cerca di nidi ospiti.

PROLE

La larva completa lo sviluppo nel nido dell'insetto ospite e sfarfalla l'anno successivo.

COLORE

Le varie specie sono simili tra loro, con colorazione brillante blu, rosso, verde e bronzo.

PUNGIGLIONE

Queste vespe hanno un pungiglione, ma non è funzionale: gran parte delle specie non ha veleno.

VITA DELL'ADULTO FINO A 3 MESI

COLEOTTERO BECCHINO

NECROFORO

La Terra sarebbe disseminata di piccoli animali morti se non ci fossero insetti come questi, che li usano per nutrire la prole. Attratti dall'odore di carne putrefatta, un maschio e una femmina di necroforo scavano sotto la carogna facendola affondare nel terreno. Se la terra è troppo dura, la trascinano in un punto più adatto. Una volta sepolta, la femmina vi depone le uova. Quando si schiudono, le larve ne mangiano la carne finché non saranno pronte a trasformarsi in coleotteri adulti. Nel frattempo saranno nutriti e accuditi dalla madre.

A COLPO D'OCCHIO

- **DIMENSIONI** fino a 2 cm di lunghezza
- **HABITAT** boschi e praterie
- **DISTRIBUZIONE** Europa, Asia settentrionale e Nord America
- **DIETA** animali morti

DATI E STATISTICHE

CIRCA 150 SPECIE

Coleotteri simili esistono in ogni parte del mondo; hanno tutti la stessa predilezione per le carogne.

DURATA DELLA VITA: FINO A 1 ANNO

ODORE

Possono sentire l'odore di un animale morto anche a 1,6 km di distanza.

km: 0,5 — 1 — 1,5 — 2
miglia: ½ — 1

FORZA

Due necrofori possono spostare un ratto morto del peso di 450 g.

ATTIVITÀ

Sono attivi soprattutto di notte e seppelliscono subito i loro ritrovamenti.

LOCALIZZATORI DI CORPI

I necrofori hanno antenne incredibilmente sensibili e possono localizzare un topo morto a distanze impressionanti. A volte sullo stesso corpo si posano 5 o 6 coleotteri, ma di solito la prima coppia che arriva scaccia tutti gli altri.

RICICLATORE PER NATURA

STERCORARIO

Gli escrementi del bestiame e di altri animali da pascolo per noi hanno un aspetto e un odore disgustosi, ma per gli stercorari sono una ricca fonte di nutrienti. Li usano come cibo per i piccoli, seppellendoli sotto terra e deponendovi le uova. Nel farlo, riciclano una grande quantità di materiale di scarto e migliorano la fertilità del terreno.

Scavatori di tunnel

Alcuni stercorari, come questi geotrupidi europei, scavano in profondità sotto mucchi di escrementi di cavallo o di bovini. La femmina ne lascia una piccola palla in fondo a ogni tunnel e vi depone un uovo, poi sigilla la galleria con un po' di terra.

A COLPO D'OCCHIO

- **DIMENSIONI** fino a 2,5 cm di lunghezza
- **HABITAT** praterie usate come pascoli
- **DISTRIBUZIONE** Europa, Asia e Africa
- **DIETA** sterco di animali

A FONDO

I geotrupidi usano le robuste zampe anteriori per creare una rete di gallerie sotto lo sterco. Le zampe sono dentate per scavare meglio nel terreno.

CHI VA E CHI RESTA

Alcune specie di stercorari lavorano duramente per creare palline di sterco da far rotolare, altri depongono le uova direttamente nel mucchio di letame.

IN PALLA Questi animali creano palle di sterco facendolo rotolare sul terreno. Ogni palla può pesare 50 volte di più dello scarabeo, e viene seppellita come cibo per i piccoli.

NEL MUCCHIO Anziché usare energia per arrotolare palle di sterco o scavare profonde tane, alcuni stercorari scavano tunnel nel letame e lo usano come nido commestibile per le larve.

La dimensione delle palle di sterco è perfetta per fornire scorte di cibo per un anno.

LARVE

La larva appena nata si nutre della palla di sterco sotterranea per un anno: sarà sufficiente a sfamarla. Crescendo farà la muta diverse volte prima di diventare una pupa, lo stadio in cui l'insetto si prepara a trasformarsi in adulto.

DATI E STATISTICHE

PIÙ DI 5.000 SPECIE

Le diverse specie di scarabei stercorari vivono in tutto il mondo nutrendosi degli escrementi degli animali indigeni.

UOVA La femmina depone tra 3 e 20 uova per volta.

TANA Le tane dei coleotteri scavatori possono raggiungere anche 50 cm di profondità.

PESO In una notte uno stercorario può seppellire escrementi pari a 250 volte il suo peso.

ATTIVITÀ Alcune ricerche dimostrano che gli stercorari notturni usano il cielo stellato per orientarsi.

DURATA DELLA VITA: FINO A 3 ANNI

COLEOTTERO
ANTIGELO

SUPERSTITE GLACIALE

CUCUJUS CLAVIPES

Gli animali a sangue caldo sopravvivono alle basse temperature perché trasformano l'energia del cibo in calore. Gli insetti non possono farlo e rischiano di essere uccisi dai cristalli di ghiaccio che si sviluppano nei loro tessuti. Questo coleottero americano è però dotato di un antigelo naturale nel sangue che lo protegge dal rigido inverno dell'Alaska. L'animale rimane in quiescenza sotto la corteccia di alberi morti diventando duro come vetro, e sopravvive perché le sue sostanze anticongelanti impediscono la formazione dei cristalli dannosi.

A COLPO D'OCCHIO

- **DIMENSIONI** fino a 14 mm di lunghezza
- **HABITAT** alberi nelle foreste
- **DISTRIBUZIONE** Nord America nordoccidentale
- **DIETA** insetti

DATI E STATISTICHE

14 SPECIE

Le diverse specie vivono in tutte le foreste settentrionali del mondo.

TEMPERATURA

Questi coleotteri sopravvivono a temperature fino a -150 °C.

COLORE

Possono essere anche marroni o gialli, in base alla specie.

CICLO VITALE

Lo stadio larvale dura 2 anni. Anche le larve tollerano temperature estreme.

anni 1 2 3

Dalla pupa all'adulto ci vogliono 2 settimane.

VITA DELL'ADULTO: CIRCA 1 ANNO

UN LUOGO ANGUSTO

In estate il *Cucujus clavipes* va a caccia di altri insetti sotto la corteccia degli alberi, sfruttando al massimo il corpo appiattito per scivolare nelle fessure più strette. Può persino attaccare gli insetti che si sono scavati dei tunnel nel legno.

SUPREMI COSTRUTTORI

TERMITE

Pochi animali possono competere con le termiti per le loro abilità architettoniche. Questi insetti, perlopiù minuscoli e ciechi, vivono in ampie colonie dentro complessi termitai costruiti con fango indurito, spesso così alti da svettare sul panorama. Alcuni contengono celle speciali in cui le termiti coltivano il cibo e sono persino rinfrescati da efficienti sistemi di aria condizionata.

SUPERBE STRUTTURE

I termitai presentano una tecnica ingegneristica sorprendente. Nella regione calda e secca dell'Australia settentrionale le termiti bussola costruiscono nidi a forma di cuneo con il bordo stretto rivolto a nord: in tal modo la mattina e la sera il sole scalda i lati larghi del nido, ma nelle ore più calde l'area esposta ai raggi è ridotta.

Termitaio
Negli alti termitai della savana africana si trovano le camere della regina, quelle della sua prole in via di sviluppo e i giardini di funghi di cui si nutre la colonia. Il calore generato dagli insetti viene espulso dalla vetta del nido, che può raggiungere anche 7,5 m di altezza.

RIPARAZIONI DI EMERGENZA

Se il termitaio si rompe, centinaia di operai corrono a ricostruirlo, trasportando nella bocca terra ed escrementi da usare per riparare il danno. Nel frattempo le termiti soldato, robuste e armate, si preoccupano di difenderli e di attaccare gli intrusi.

DATI E STATISTICHE

PIÙ DI **3.100** SPECIE

Le termiti che coltivano giardini di funghi sono una delle diverse specie che vivono nelle regioni calde del pianeta.

UOVA
La regina può deporre fino a 30.000 uova al giorno, uno ogni 3 secondi.

DIFESA
Le termiti soldato mordono, spruzzano una colla tossica o si fanno esplodere per coprire di muco i nemici.

COLONIA
La colonia può essere composta anche da 7 milioni di esemplari.

PESO
Il peso totale delle termiti della savana africana è il doppio di quello di tutti i grandi animali che ci vivono.

VITA DELLA REGINA: FINO A **15** ANNI

GIARDINO DI FUNGHI

Le termiti sciamano dal nido sulle praterie circostanti e tornano con lo stomaco pieno di erba masticata. Non possono digerirla, perciò la rigurgitano in zone del nido dedicate alla coltivazione degli speciali funghi che crescono solo nei termitai, e di cui si nutrirà la colonia.

A COLPO D'OCCHIO

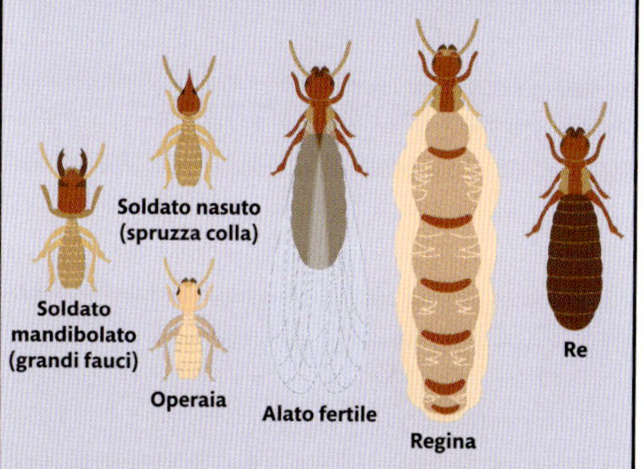

- **DIMENSIONI** operaio 3-20 mm di lunghezza; regina fino a 13 cm
- **HABITAT** soprattutto praterie
- **DISTRIBUZIONE** regioni calde in tutto il mondo
- **DIETA** materia vegetale o funghi coltivati

SALA REALE

Una colonia può contare più di un milione di termiti, tra cui operai, soldati, e maschi e femmine giovani. Sono tutti figli della coppia composta dalla regina e dal suo re. La regina ha un enorme corpo per produrre migliaia di uova al giorno, e non si sposta mai dalla sua camera, posta nel cuore del nido.

ARMA DI COLLA

A difesa delle colonie di termiti vi sono degli operai specializzati: i soldati. Di solito sono dotati di grandi mandibole, affilate e potenti, ma in alcune specie hanno sviluppato un'arma diversa: un muso lungo che secerne sostanze chimiche vischiose e leggermente tossiche, efficaci soprattutto contro le formiche, il loro principale nemico.

CATENA DI PRODUZIONE

AFIDE VERDE DEL PISELLO

Molti insetti, quando hanno cibo in abbondanza, si riproducono a ritmo impressionante. I campioni sono gli afidi: piccoli artropodi che succhiano la linfa delle piante. L'afide verde del pisello si nutre di leguminose, e quando in estate crescono rigogliose si riproduce il più rapidamente possibile. Le femmine, senza nemmeno accoppiarsi, generano una quantità di altre femmine, che in pochi giorni saranno in grado di riprodursi. Alla fine dell'estate nasceranno sia maschi che femmine che si accoppiano; le uova si schiuderanno solo in primavera.

A COLPO D'OCCHIO

- **DIMENSIONI** fino a 4 mm di lunghezza
- **HABITAT** boschi, praterie, terreni coltivati e giardini
- **DISTRIBUZIONE** quasi ovunque, dove crescono le piante di cui si nutre
- **DIETA** linfa zuccherina delle leguminose

DATI E STATISTICHE

CIRCA **4.400** SPECIE

Migliaia di specie vivono in tutto il mondo. Molte sono in grado di riprodursi senza accoppiamento.

DURATA DELLA VITA: FINO A **40** GIORNI

DIFESA
Danno calci con le zampe posteriori; alcuni inviano segnali chimici di allarme.

COLORE
Perlopiù verdi, ma alcune specie sono rosa, nere, marroni o anche incolori.

PROLE
Nell'arco di un mese la femmina può generare 1 milione di discendenti.

FORMICHE IN AIUTO
Alcune formiche proteggono gli afidi per nutrirsi delle loro secrezioni zuccherine.

COPIA PERFETTA
Questa afide verde del pisello sta partorendo una versione in miniatura di se stessa, che ben presto sarà a sua volta in grado di riprodursi. La nuova afide non ha padre: è un clone perfetto della madre.

"La femmina di afide produce fino a 12 piccoli ogni giorno della sua vita."

INSETTO OPEROSO

APE MELLIFERA

Nessun insetto è tanto importante per l'uomo quanto l'ape mellifera. Apprezzata da migliaia di anni come produttrice di miele, svolge un servizio importantissimo per l'agricoltura, impollinando le colture. Vive in grandi colonie governate da una regina, l'unica in grado di riprodursi: è la madre di tutte le altre api.

PRODUZIONE DI MIELE

Le api bottinatrici tornano all'alveare con il loro raccolto di nettare zuccherino e lo passano alle compagne; queste vi aggiungono degli enzimi, che ne modificano la natura chimica. Il nettare viene poi collocato nei favi di cera: le api useranno le ali per ventilarlo ed eliminare gran parte dell'acqua. Questa riserva di miele nutrirà la colonia per tutto l'inverno.

A COLPO D'OCCHIO

- **DIMENSIONI** fino a 2 cm di lunghezza
- **HABITAT** foreste, praterie, zone coltivate e giardini
- **DISTRIBUZIONE** in origine Asia orientale, poi introdotta quasi in tutto il mondo
- **DIETA** gli adulti bevono il nettare; i piccoli vengono nutriti con miele e polline

Servizio vitale

Le api producono il miele con il nettare che raccolgono dai fiori. Nel farlo si sporcano di polline, che deve essere trasferito ad altri fiori per fecondarne i semi. Le api svolgono questo lavoro in maniera perfetta! Raccolgono un po' di polline anche per nutrire i piccoli.

DATI E STATISTICHE

7 SPECIE

Ci sono migliaia di specie di api, ma solo alcune producono abbastanza miele da essere definite mellifere.

COLONIA

La colonia si compone di un massimo di 80.000 api.

0 — 20.000 — 40.000 — 60.000 — 80.000 — 100.000

UOVA

La regina depone fino a 2.000 uova ogni giorno; la maggior parte si sviluppa in operaie femmine.

MIELE

Per produrre 450 g di miele le api operaie devono compiere circa 10 milioni di viaggi.

VITA DELL'APE REGINA

FINO A 5 ANNI

APE REGINA

Ogni colonia è governata da un'ape regina, che è leggermente più grossa delle operaie e che rilascia il feromone, un odore che stimola o inibisce le altre api. Tutte le operaie sono femmine, ma il feromone ne impedisce la riproduzione. I maschi, chiamati fuchi, si accoppiano con le regine vergini che cercano di prevalere sulle altre per diventare le governanti.

Regina

Operaia

Tre occhi semplici aiutano l'ape a percepire l'intensità della luce.

I grandi occhi composti vedono bene a colori per individuare i fiori nettariferi.

Le antenne sentono il profumo dei fiori e gli odori rilasciati da altre api.

Le zampe anteriori hanno dei pettini setolosi per spazzolare il polline dal corpo e riporlo nei cestelli.

"L'ape mellifera batte le ali 250 volte al secondo."

API DANZANTI

Quando un'ape mellifera torna all'alveare dopo un viaggio fruttuoso, si esibisce in una danza speciale per comunicare alle compagne la posizione della fonte di cibo che ha trovato. Questa operaia sta facendo una danza a forma di 8 per indicarne sia la distanza sia la direzione rispetto al sole.

"Nell'arco della loro vita 12 **api** producono appena un cucchiaino di **miele**."

API OPERAIE

Una colonia di api mellifere è composta soprattutto da operaie femmine sterili. Le più giovani nutrono le larve e fanno il miele. Crescendo, si occupano di pulire e riparare i favi. Le più anziane diventano bottinatrici: si allontanano in volo dall'alveare per raccogliere nettare e polline. Questa giovane operaia sta offrendo del cibo liquido a un fuco (maschio) appena uscito dal favo.

DRINK NEL DESERTO

COLEOTTERO DELLE NEBBIE

Questo ingegnoso coleottero ha trovato un modo molto particolare per sopravvivere nel deserto del Namib, nell'Africa sudoccidentale. Qui l'unica umidità presente è quella della nebbia densa proveniente dall'Oceano Atlantico. La mattina presto, l'animale usa le lunghe zampe posteriori per sollevare in alto la coda, poi aspetta. Pian piano la nebbia forma delle goccioline d'acqua sul suo corpo; quando diventano più grandi e pesanti scivolano verso la bocca e il coleottero può finalmente bere.

A COLPO D'OCCHIO

- **DIMENSIONI** 2 cm di lunghezza
- **HABITAT** dune sabbiose del deserto
- **DISTRIBUZIONE** Africa sudoccidentale
- **DIETA** semi e frammenti di piante portati dal vento

DATI E STATISTICHE

CIRCA 4 SPECIE

Le diverse specie di coleotteri delle nebbie raccolgono l'acqua in questo modo; si trovano tutte nel deserto del Namib.

VITA DELL'ADULTO 3–4 MESI

ATTIVITÀ

Il coleottero è attivo soprattutto di notte, quando l'aria del deserto rinfresca.

DIFESA

Alcuni coleotteri delle nebbie spruzzano un liquido maleodorante sui predatori.

STRATEGIA

Alcune specie, per raccogliere la pioggia o l'umidità della nebbia, scavano fossati nella sabbia.

HABITAT

Il deserto del Namib ha meno di 10 mm di precipitazioni annue.

RISORSA PREZIOSA

La rigida cuticola di questo coleottero del deserto ha uno strato esterno ceroso idrorepellente che impedisce la disidratazione; rimanendo in posizione verticale, l'insetto non sprecherà neanche una goccia d'acqua.

RAGNO IN IMMERSIONE

RAGNO PALOMBARO

I ragni non possono respirare sott'acqua, ma il ragno palombaro ha trovato un modo per risolvere il problema: per cacciare in acqua trasporta una bolla d'aria attorno al corpo. Si costruisce anche una tana subacquea: una tela fitta, a forma di campana, fissata a una pianta; la rifornisce di aria prelevandola dalla superficie, ma l'ossigeno entra anche dall'acqua circostante. In questa tana il ragno si ritira per mangiare la preda, mentre la femmina vi depone le uova e alleva la prole.

A COLPO D'OCCHIO

- **DIMENSIONI** fino a 18 mm di lunghezza
- **HABITAT** stagni, laghi, paludi e corsi d'acqua lenti
- **DISTRIBUZIONE** Europa e Asia settentrionale
- **DIETA** piccoli animali acquatici

DATI E STATISTICHE

1

SPECIE

Il ragno palombaro è unico, con una sola specie presente in una vasta area.

UOVA

La femmina depone fino a 6 serie di 50-100 uova l'anno.

PROLE

Dopo la schiusa, i piccoli restano nel nido per 4 settimane prima di andare a vivere da soli.

IMMERSIONE

I ragni palombari si immergono più a fondo per ibernarsi durante gli inverni freddi.

DIFESA

Se minacciati, si difendono con un morso velenoso e doloroso.

DURATA DELLA VITA

FINO A 2 ANNI

VITA IN UNA BOLLA
Fatto strano per un ragno, il maschio del palombaro è più grande della femmina, ma la sua tana subacquea è più piccola perché vi trascorre meno tempo. Questo maschio sta lasciando la sua bolla d'aria argentata per raggiungere una femmina vicina.

BRUCO KILLER

LICENA AZZURRA DEL TIMO

Alcune farfalle nascondono un oscuro segreto. Gli adulti sono innocenti nettarivori, ma trascorrono i primi stadi della vita nutrendosi di altri insetti. La licena azzurra è una delle tante specie che predano formiche. Il bruco si fa trasportare con l'inganno nel formicaio di un tipo particolare di formica rossa, dove trascorre mesi banchettando con le loro larve impotenti prima di sfarfallare al sole.

PRIMI GIORNI

La farfalla femmina depone un uovo su una pianta di timo selvatico. Il piccolo bruco mangia timo per 3 settimane, poi si lascia cadere a terra e produce un liquido zuccherino, sperando di attirare una formica che lo porti nel suo nido.

Chiudendo le ali la farfalla nasconde l'azzurro acceso della pagina superiore.

Le lunghe antenne con bande scure percepiscono i movimenti dell'aria e gli odori portati dal vento.

I grandi occhi composti consentono alla farfalla di individuare un partner con cui riprodursi.

La lingua tubolare viene srotolata per succhiare il nettare zuccherino dei fiori.

A COLPO D'OCCHIO

- **DIMENSIONI** apertura alare fino a 5 cm
- **HABITAT** pendii assolati con erba corta e molto timo selvatico
- **DISTRIBUZIONE** Europa e Asia settentrionale
- **DIETA** i bruchi mangiano timo selvatico e larve di formica rossa; gli adulti succhiano il nettare

Le minuscole scaglie delle ali ne determinano il colore e il disegno.

IL GRANDE INGANNO

Il bruco inganna le formiche comportandosi come una delle loro larve. Rilascia una sostanza chimica che ne imita l'odore e può persino emettere suoni simili a quelli della formica regina. In questo modo le formiche si convincono a prendersi cura dell'astuto killer.

TRASPORTO Una formica si avvicina al bruco attirata dalla sua secrezione dolce; questo comincia a comportarsi come una larva di formica, e in tal modo verrà preso e portato nel formicaio.

OSPITE MORTALE Una volta dentro il formicaio, il bruco si trasforma in un vorace predatore, afferrando e mangiando le larve di formica. Dopo circa 9 mesi si trasforma in pupa, poi diventa una farfalla e striscia fuori dal nido.

"La licena azzurra del timo sopravvive solo grazie a una specie di formiche."

Meraviglia alata

La licena azzurra adulta è una bellissima farfalla che vive in piccole colonie e di rado si allontana dal luogo in cui è nata. Vive solo qualche settimana, giusto il tempo di trovare un compagno e deporre le uova.

DATI E STATISTICHE

CIRCA 5.000 SPECIE

Farfalle simili della stessa famiglia vivono in tutto il mondo; molte predano larve di formica quando sono bruchi.

CONSUMO DI PREDE

In un formicaio un bruco può mangiare fino a 500 larve.

STATO DI CONSERVAZIONE

La licena azzurra del timo è minacciata in molte parti del mondo, soprattutto per perdita dell'habitat.

CICLO VITALE

uovo: 5-10 giorni | **larva (in un formicaio): 9 mesi** | **pupa: 2 mesi** | **farfalla adulta: 1 mese**

1 2 3 4 5 6 7 8 9 10 11 12 13

VITA DELL'ADULTO 3-4 SETTIMANE

FILATORE DI SETA

BOMBICE DEL GELSO

Tutti i lepidotteri (farfalle e falene) iniziano la loro vita sotto forma di bruchi affamati. Con il tempo diventano pupe, lo stadio in cui si trasformano in adulti. Queste spesso sono protette da bozzoli di seta, e il bombice del gelso in particolare ne produce così tanta da essere diventato il fondamento di un'importante attività industriale.

Mute e filatura

Il bombice del gelso selvatico è l'antenato del bombice domestico, usato nell'industria della seta. Il bruco mangia voracemente con le mandibole potenti, cresce in fretta e fa 4 volte la muta prima di filare la seta per il suo bozzolo, nel quale si impupa.

FILI NUOVI

Sono molti i ragni e gli insetti che producono seta, ma il bombice del gelso li batte tutti nella quantità. Le ghiandole sericigene interne al suo corpo la secernono in forma di liquido denso e colloso da una filiera situata sotto l'apparato boccale. Esso poi si solidifica all'aria, formando 2 filamenti di seta che vengono incollati insieme come un filo unico.

DATI E STATISTICHE

CIRCA **150** SPECIE

I bombici del gelso appartengono a una famiglia di falene che si trovano in tutto il mondo, tranne che in Europa; sono più comuni ai tropici.

UOVA
La femmina depone circa 500 uova nei 5 giorni prima di morire.

PROLE
Le larve si nutrono di foglie di gelso e raggiungono la dimensione massima dopo circa 35 giorni.

BOZZOLO
Un bruco impiega 3 giorni per avvolgersi in un filo di seta lungo circa 2.000 m.

SETA
Per fare una camicia di seta servono circa 1.000 bozzoli di bachi da seta.

VITA DEL BRUCO **45** GIORNI

CICLO VITALE

La seta utilizzata nel settore tessile è quella del bombice del gelso domestico, una forma di quello selvatico allevata per produrre più seta possibile. Il bruco (chiamato baco da seta) appena nato inizia a nutrirsi di foglie di gelso, la sua unica fonte di cibo. Quando è cresciuto del tutto forma un bozzolo, all'interno del quale diventa falena, che alla fine sfarfalla, trova un compagno e depone altre uova.

A COLPO D'OCCHIO

- **DIMENSIONI** bruchi fino a 7,5 cm di lunghezza
- **HABITAT** boschi
- **DISTRIBUZIONE** Asia orientale e Giappone
- **DIETA** i bruchi mangiano foglie di gelso; gli adulti non mangiano

Il cibo non digeribile passa nell'intestino posteriore che ne assorbe l'acqua in eccesso.

La parte posteriore del bruco è sostenuta da 10 pseudozampe carnose; ognuna ha una ventosa per fare presa sulle foglie.

Un cordone nervoso collegato al cervello si allunga dal capo alla coda.

Gran parte del corpo è occupata da un grosso intestino medio per digerire le foglie di cui si nutre il bruco.

Le grandi ghiandole sericigene, una su ogni lato del corpo, producono seta liquida.

"Sono 5.000 anni che si raccolgono i bozzoli per la seta."

STORIA DEL BACO DA SETA

I bachi da seta domestici sono allevati in vassoi e nutriti di foglie tritate di gelso. Qui filano i bozzoli, cosicché è facile raccoglierli. Questi vengono poi immersi in acqua perché si ammorbidiscano e si srotolino. Ogni filamento di seta è molto fine, perciò se ne filano 8 insieme per formare il filo impiegato nei tessuti.

RAID DI FORMICHE

Le formiche legionarie sudamericane cacciano in sciami sul terreno della foresta attaccando e uccidendo qualunque essere si pari loro davanti; possono mangiare anche 500.000 prede al giorno! Qui un plotone di operaie è in cerca di vittime; le protegge un soldato fuori misura dalle grandi mandibole ricurve.

BANDA DI SACCHEGGIATORI

FORMICA LEGIONARIA

Di solito le colonie di formiche costruiscono un nido permanente. Ma le formiche legionarie tropicali sono così numerose che per loro le prede non sono mai abbastanza, e sono costrette a spostarsi continuamente. Non costruiscono mai un formicaio vero: le operaie uniscono le zampe per formare un nido vivente chiamato bivacco, in cui vivono la regina e la sua prole; le altre cacciano in cerca di cibo. Quando la regina depone le uova il bivacco resta stabile in un posto, ma quando si schiudono l'intera colonia si rimette in marcia perché le larve affamate devono mangiare.

A COLPO D'OCCHIO

- **DIMENSIONI** formica soldato fino a 12 mm di lunghezza; le operaie sono più piccole
- **HABITAT** foreste pluviali tropicali
- **DISTRIBUZIONE** Sud America
- **DIETA** soprattutto insetti, ragni, scorpioni, talvolta lucertole e piccoli mammiferi

DATI E STATISTICHE

PIÙ DI 200 SPECIE

Ci sono molte specie di formiche tropicali che cacciano in questo modo.

VITA DELL'OPERAIA: DIVERSI MESI

ATTIVITÀ

Le legionarie seguono un ciclo fisso di 35 giorni per riprodursi e migrare.

giorni 5 10 15 20 25 30 35

Ogni notte la colonia si sposta in un luogo diverso.

La colonia resta nello stesso posto quando la regina depone le uova.

VELOCITÀ

Durante i loro raid si muovono in gruppo a circa 20 m all'ora.

RAID

Il plotone di formiche può essere lungo fino a 100 m e largo 20 m.

INSETTI ARCHITETTI

VESPA CARTONAIA

Molti animali si prodigano in costruzioni intricate ed elaborate, ma pochi raggiungono le sorprendenti capacità architettoniche delle vespe cartonaie. I loro nidi sono fatti di carta ottenuta dal legno masticato e sono composti da un gruppo di celle che contengono le uova. Le larve vengono nutrite dalle vespe finché non si trasformano in pupe, ovvero lo stadio in cui diventano adulte.

A COLPO D'OCCHIO

- **DIMENSIONI** fino a 22 mm di lunghezza
- **HABITAT** boschi, praterie con alberi e giardini
- **DISTRIBUZIONE** America centrale, Caraibi e Stati Uniti meridionali
- **DIETA** insetti e nettare

PUPA NASCOSTA

Le larve prive di zampe sono nutrite con insetti masticati dalle operaie. Quando sono cresciute del tutto, filano un tappo di seta e si chiudono all'interno della cella: diventeranno pupe con la pelle chiara e senza ali; infine si trasformeranno in vespe adulte.

Costruzione del nido

La vespa regina costruisce le celle del nido iniziali, appese a un ramo grazie a un peduncolo sottile. Le prime operaie che nascono diventano costruttrici e aggiungono nuove celle, in modo che la regina possa deporre altre uova. Inoltre, raccolgono il cibo e difendono il nido con i loro pungiglioni.

DATI E STATISTICHE

CIRCA 1.100 SPECIE

Le diverse specie di cartonaie sono ampiamente diffuse in tutto il mondo. Molte altre vespe e calabroni costruiscono nidi di carta.

CICLO VITALE

UOVO	LARVA	PUPA	OPERAIO ADULTO
13 GIORNI	24 GIORNI	22 GIORNI	38 GIORNI

VITA DELLA REGINA: 1 ANNO

NIDO

Ogni nido è composto da un massimo di 500 celle, dove la regina depone le uova.

DIFESA

Le vespe cartonaie pungono se disturbate o se il nido viene minacciato.

KILLER IN AZIONE

Le vespe operaie riforniscono la colonia di cibo setacciando cespugli e alberi vicini in cerca di bruchi e altri insetti. Tornate al nido, le altre operaie faranno a pezzi le prede per nutrire le larve nelle loro celle.

"Le vespe cartonaie **attaccano** e **pungono** chiunque minacci il nido."

VESPA KILLER

Le vespe cartonaie usano i grandi occhi composti per cercare gli insetti per la regina e la sua prole. Sono armate di un pungiglione velenoso e di mandibole dentellate per uccidere e fare a pezzi le vittime. Gli adulti non possono mangiare cibo solido, ma quando portano le prede alle larve affamate, prima le masticano e ingeriscono parte dei succhi.

LA COLONIA PIÙ NUMEROSA

PORTATE FINO A CASA

Le operaie che cercano il cibo trasportano pezzi di foglie al nido e danno un "passaggio" ad altre più piccole, che hanno il compito di proteggerle dai nemici, come le mosche parassite. Le formiche soldato, molto più grosse, difendono il nido.

COLTIVATRICI DI FUNGHI

FORMICA TAGLIAFOGLIE

Nelle foreste tropicali del Centro America gli alberi sono costantemente attaccati dalle formiche tagliafoglie, che usano le loro mandibole affilate per strappare brandelli di vegetazione da portare nel nido sotterraneo. Non potendo digerirli, ne fanno un letto di compost su cui cresce un fungo che le formiche mangiano e con cui nutrono la regina e la sua prole. Il sistema funziona così bene che il nido può contenere milioni di esemplari e può diventare più grande di una casa.

A COLPO D'OCCHIO

- **DIMENSIONI** le operaie sono lunghe 2-14 mm; la regina circa 22 mm
- **HABITAT** foreste e radure tropicali
- **DISTRIBUZIONE** soprattutto Centro e Sud America
- **DIETA** le cercatrici di cibo bevono linfa di foglia; tutte le altre formiche della colonia mangiano funghi coltivati

DATI E STATISTICHE

CIRCA 47 SPECIE

Le formiche tagliafoglie vivono solo nelle zone tropicali e subtropicali delle Americhe.

VITA DELLA REGINA 14 ANNI

UOVA

Nell'arco della vita la formica regina depone circa 150 milioni di uova.

COLONIA

Possono esserci fino a 8 milioni di formiche tagliafoglie in uno stesso nido.

NIDO

Un nido maturo può essere largo 30 m e profondo 7 m.

STRATEGIA

Le formiche si muovono in lunghe file, lasciando tracce odorose per ritrovare il nido.

SEMINATORE DI DISTRUZIONE

LOCUSTA DEL DESERTO

Non esiste insetto più distruttivo della locusta del deserto: in poche ore uno sciame può spogliare un campo di tutta la sua vegetazione. Tuttavia non sono sempre così devastanti: alcune trascorrono una vita innocua e solitaria e si uniscono in sciami famelici solo quando si sono riprodotte così in fretta da essere a corto di cibo.

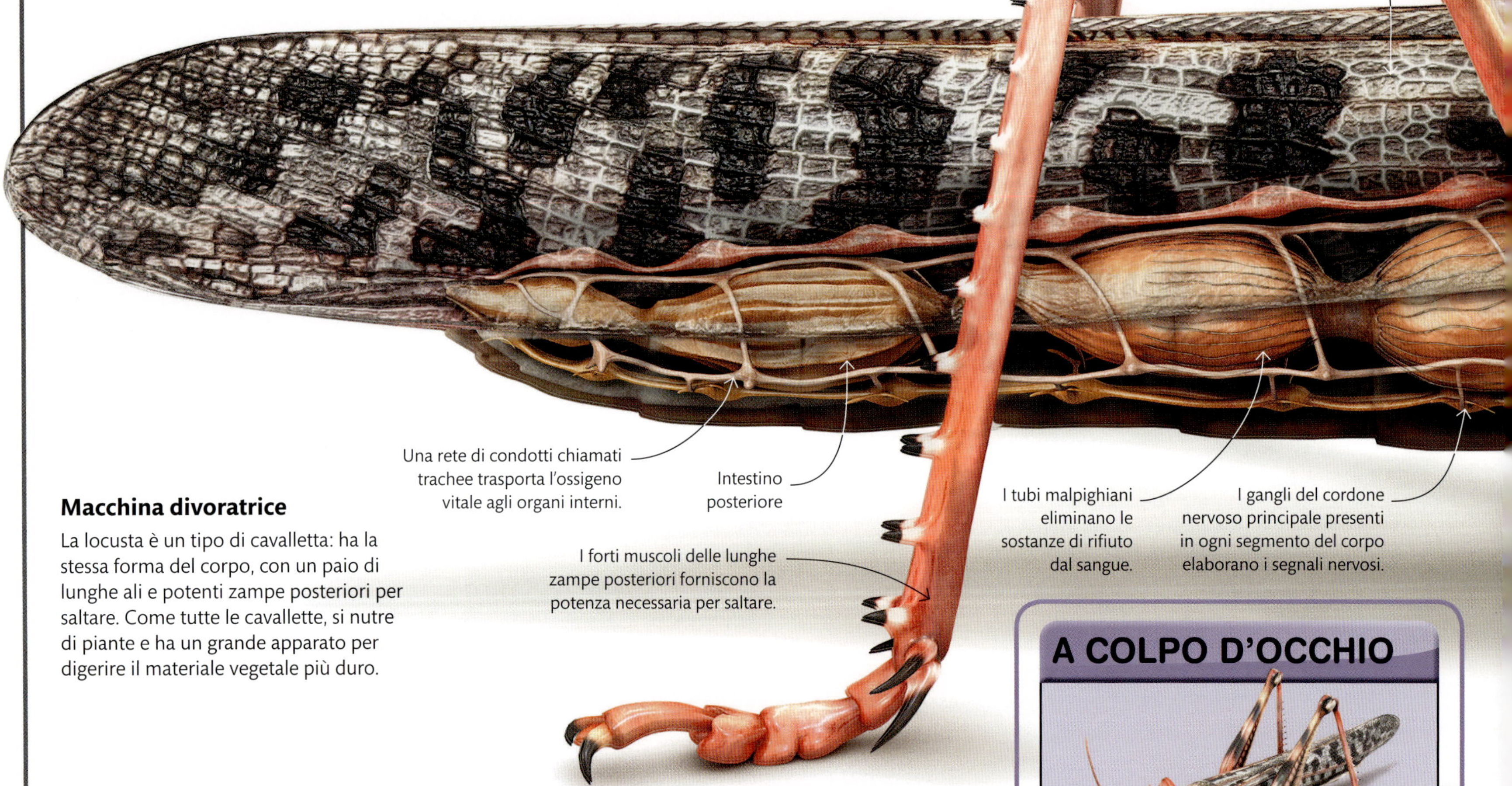

Macchina divoratrice

La locusta è un tipo di cavalletta: ha la stessa forma del corpo, con un paio di lunghe ali e potenti zampe posteriori per saltare. Come tutte le cavallette, si nutre di piante e ha un grande apparato per digerire il materiale vegetale più duro.

A COLPO D'OCCHIO

- **DIMENSIONI** fino a 7,5 cm di lunghezza
- **HABITAT** praterie e deserti
- **DISTRIBUZIONE** Africa, Medio Oriente e Asia meridionale
- **DIETA** foglie

DATI E STATISTICHE

CIRCA **12** SPECIE GREGARIE

La locusta del deserto fa parte di un piccolo gruppo di cavallette che talvolta abbandona la vita solitaria per formare grandi sciami.

DISTANZA

Uno sciame vola fino a 130 km al giorno.

km	50	100	150
miglia	31	62	93

UOVA

La femmina sonda il terreno con l'addome, poi scava una buca e depone una sacca contenente al massimo 100 uova.

PROLE

Le locuste appena nate si sviluppano in 5 stadi, ognuno più grande del precedente.

DURATA DELLA VITA **3–5** MESI

LO SCIAME PIÙ VASTO

NUBE NERA

Le locuste appena nate non hanno ali e si nutrono di piante come i genitori; le ninfe possono vivere solitarie fino allo stadio adulto, ma se sono troppe e il cibo scarseggia, cambiano colore e diventano uno sciame: si spostano in massa come una marea nera divorando tutto quello che trovano sulla loro via, finché non si trasformano in adulti alati e spiccano il volo.

Ninfa in fase solitaria

Ninfa in fase gregaria

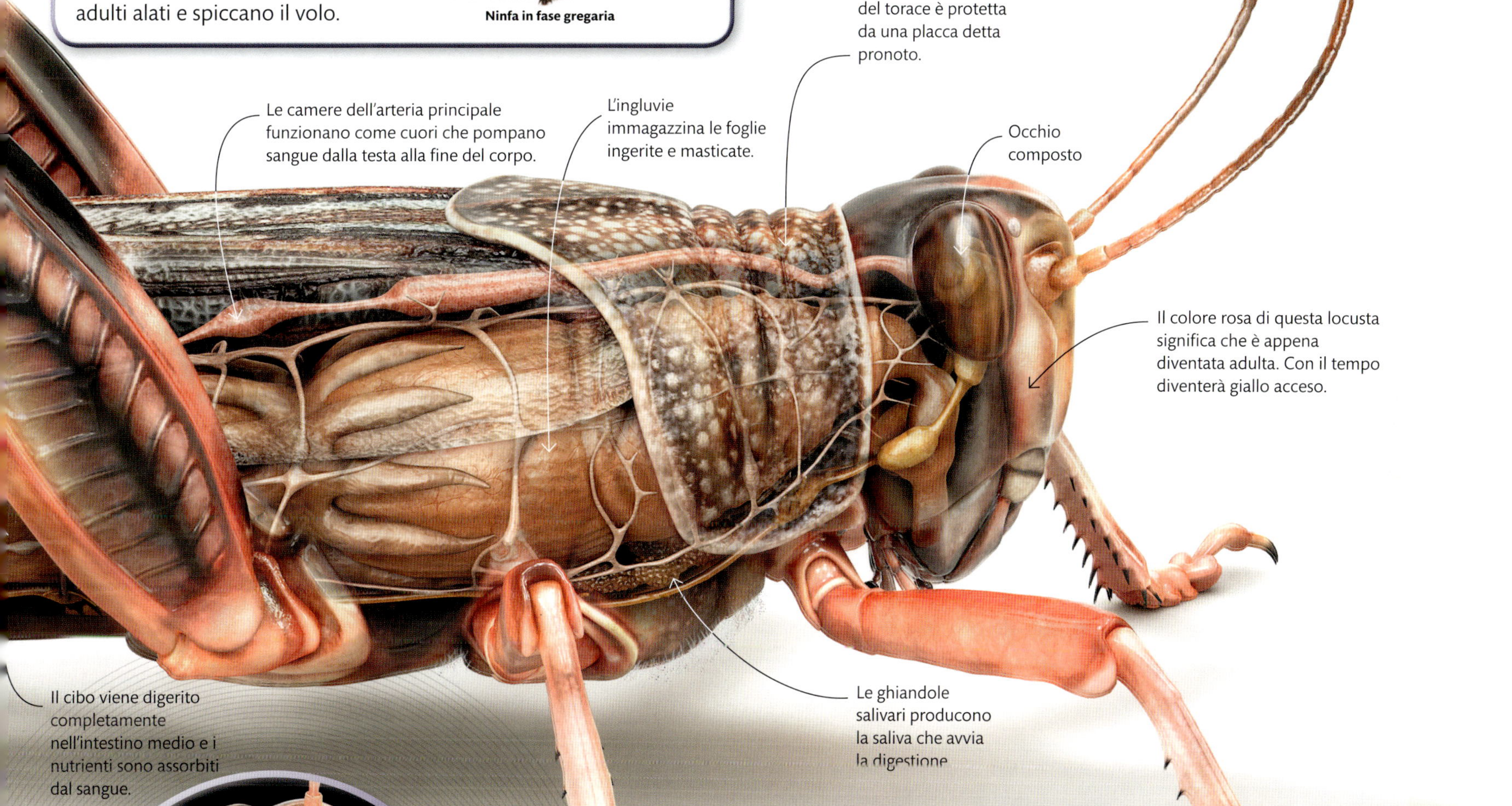

LOCUSTA IN VOLO

Come gran parte delle cavallette, la forma adulta della locusta del deserto è alata: in tal modo gli sciami possono volare per lunghe distanze tenendosi alti sopra ai terreni secchi e aridi. Di solito volano in favore di vento: la corrente li sospinge e soffia verso aree di bassa pressione, dove è probabile che ci siano pioggia e piante fresche da mangiare.

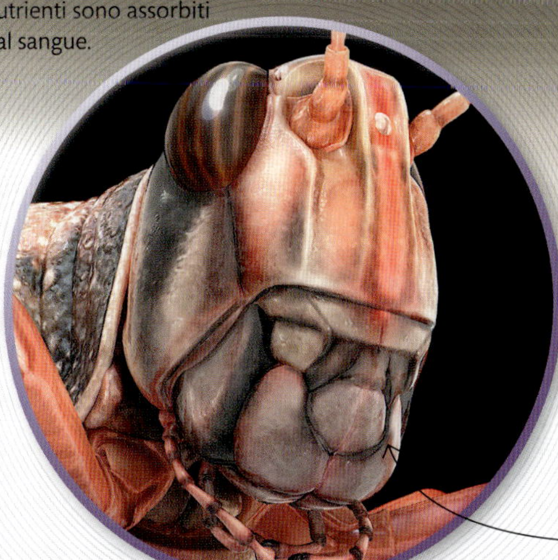

MANDIBOLE PODEROSE

La locusta si nutre di foglie, che sono fatte di fibre vegetali robuste. Ha un paio di mandibole affilate per staccare morsi di vegetazione e masticarla per estrarne i succhi nutritivi. Le mandibole sono affiancate dai palpi, corti e mobili, che toccano e assaggiano il cibo per controllare che sia commestibile.

L'UNIONE FA LA FORZA

È raro che si formi uno sciame di locuste, ma quando avviene è un disastro: può essere composto da miliardi di insetti affamati, ognuno capace di mangiare ogni giorno cibo pari al proprio peso corporeo. Se lo sciame si stabilisce su un albero non lascia neanche una foglia, e se scende su un terreno coltivato lo distrugge completamente. In Africa e in Asia sono andati perduti interi raccolti, causando catastrofiche carestie.

"Uno sciame di locuste del deserto può contare anche 40 miliardi di individui."

A CAVALLO

Questi piccoli ragni lupo sono appena nati e si arrampicano fuori dal sacco ovigero di seta posto sul dorso della madre. Vi rimangono per circa una settimana, finché non faranno una seconda muta e potranno diventare autonomi.

BEBÈ A BORDO

RAGNO LUPO

I ragni lupo sono predatori agili e veloci che cacciano a vista sul terreno. Si affidano ai loro occhi acuti anche durante il corteggiamento, poiché il maschio cerca di attirare la femmina lanciandole dei segnali con i suoi grossi palpi, scuri e pelosi. Se ha fortuna e si accoppiano, la femmina porterà le uova in una grande palla di seta attaccata alle filiere in fondo all'addome. Alla schiusa, porterà con sé i ragnetti finché non saranno in grado di cacciare da soli.

A COLPO D'OCCHIO

- **DIMENSIONI** circa 8 mm di lunghezza
- **HABITAT** praterie, boschi e terreni rocciosi
- **DISTRIBUZIONE** in tutto il mondo
- **DIETA** insetti

DATI E STATISTICHE

CIRCA 500 SPECIE

Gli habitat del piccolo ragno lupo dalle zampe fini sono sparsi in tutto il mondo.

DURATA DELLA VITA 2–3 ANNI

UOVA
La femmina scalda al sole il sacco ovigero per far sviluppare 50-100 uova.

ATTIVITÀ
Perlopiù sono cacciatori solitari e notturni ma alcuni aspettano di piombare sulle prede di passaggio.

RAGNO FEMMINA
Se la femmina viene separata dal suo sacco ovigero, andrà furiosamente alla sua ricerca.

DIFESA
Può infliggere morsi dolorosi, ma si affida anche alla sua livrea mimetica.

LA VITA PIÙ BREVE

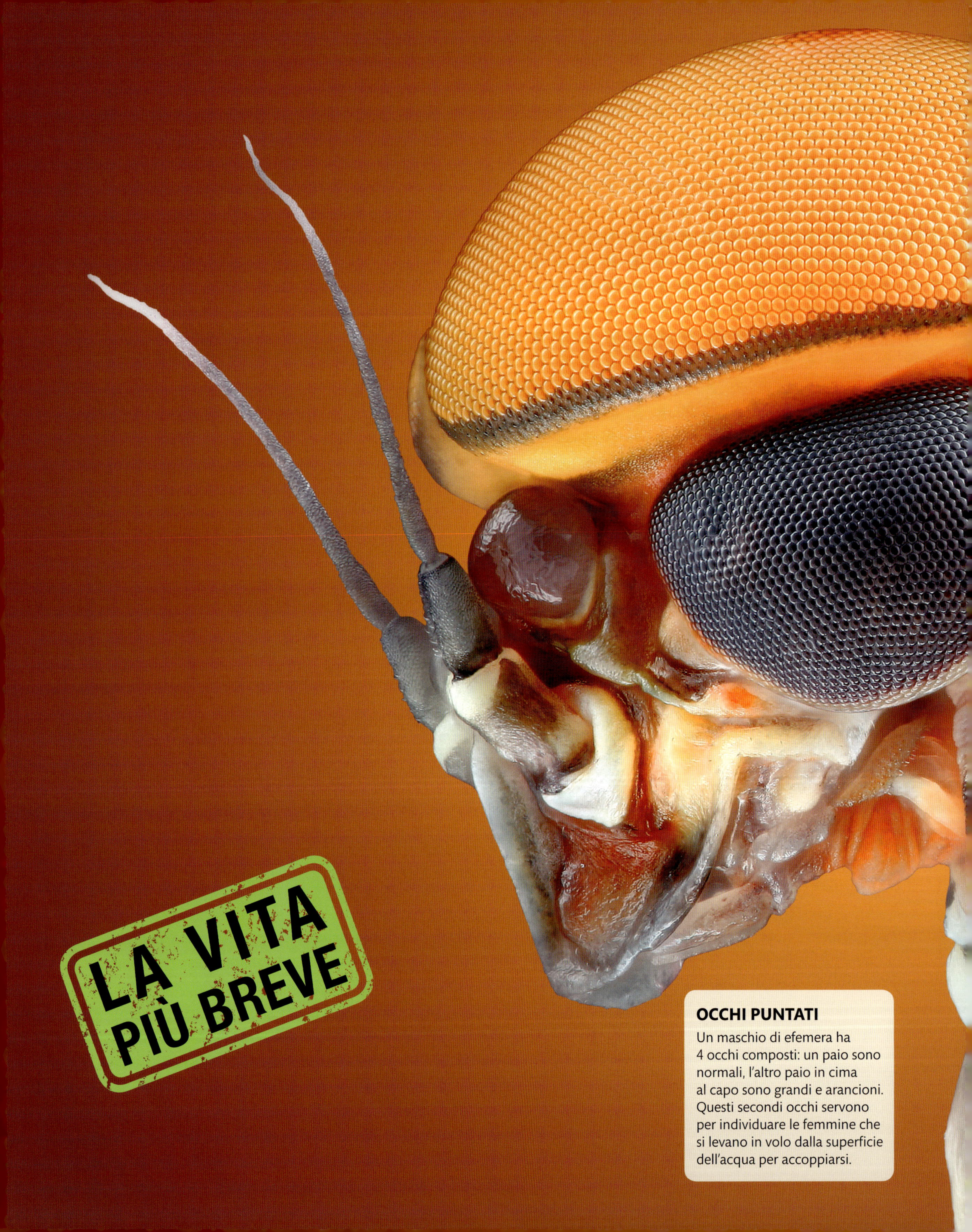

OCCHI PUNTATI

Un maschio di efemera ha 4 occhi composti: un paio sono normali, l'altro paio in cima al capo sono grandi e arancioni. Questi secondi occhi servono per individuare le femmine che si levano in volo dalla superficie dell'acqua per accoppiarsi.

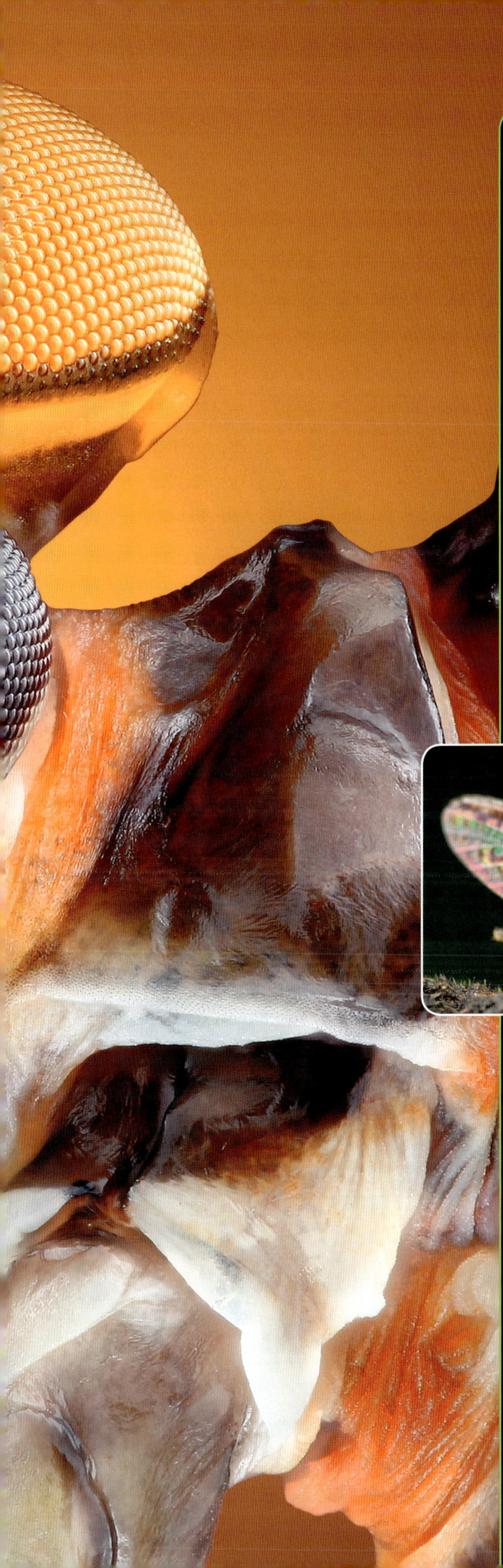

VIVERE ALLA GIORNATA

EFEMERA

Il tempo è prezioso per le efemere adulte. Alcune vivono appena alcuni minuti, altre sopravvivono poco più di un giorno, ma lo stadio adulto è solo l'ultimo capitolo della loro esistenza. Vivono molto di più in forma di ninfe acquatiche prive di ali e trascorrono anni nutrendosi e crescendo sott'acqua. Alla fine, le ninfe si trasformano in adulti alati che non possono mangiare: l'unico scopo è trovare un partner con cui riprodursi. Basta qualche ora e, quando hanno svolto il loro compito, possono morire.

A COLPO D'OCCHIO

- **DIMENSIONI** fino a 12 cm dalla testa alla coda
- **HABITAT** laghi, fiumi e altri habitat di acqua dolce
- **DISTRIBUZIONE** in tutto il mondo, tranne l'Antartide
- **DIETA** gli adulti non mangiano, le larve acquatiche (ninfe) si nutrono soprattutto di materia vegetale, alcune cacciano

DATI E STATISTICHE

CIRCA 3.000 SPECIE

Risalenti a più di 300 milioni di anni fa, le efemere sono tra gli insetti più antichi del mondo.

VITA DELL'ADULTO
DI SOLITO 1-2 GIORNI

ANIMALE DA RECORD

L'efemera più grande di tutti i tempi visse 300 milioni di anni fa e aveva un'apertura alare di 45 cm.

cm 10 20 30 40 50
in 6 12 18

UOVA

Durante la sua breve vita, la femmina depone nell'acqua fino a 3.000 uova.

DIFESA

Il numero enorme di efemere appena nate spesso sopraffà i predatori.

SINCRONIA PERFETTA

MAGICICADA

Molti insetti trascorrono gran parte della loro vita in forma di larve. Alcune specie di cicale vivono sottoterra per ben 17 anni prima di emergere in superficie e trascorrere appena qualche settimana in forma di adulti alati. La cosa straordinaria è che questi insetti escono tutti in una volta, nello stesso anno, poi spariscono per altri 17 anni prima della successiva riapparizione in massa.

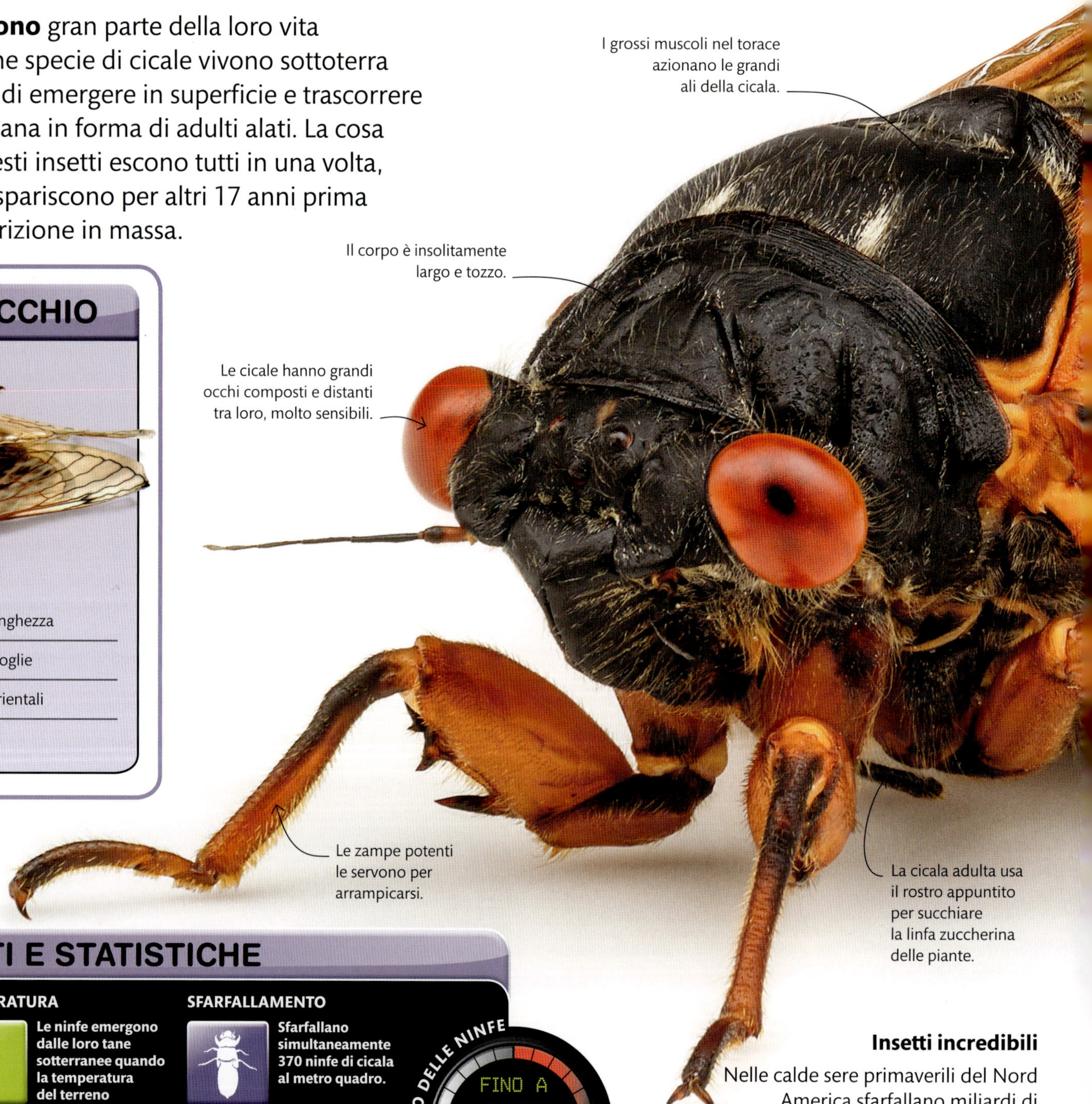

A COLPO D'OCCHIO

- **DIMENSIONI** circa 3 cm di lunghezza
- **HABITAT** foreste di alberi latifoglie
- **DISTRIBUZIONE** Stati Uniti orientali
- **DIETA** linfa degli alberi

DATI E STATISTICHE

7 SPECIE

Le *Magicicada* vivono solo negli Stati Uniti, ma le cicale che sfarfallano (diventano adulte) ogni anno vivono nelle regioni calde di tutto il mondo.

TEMPERATURA

Le ninfe emergono dalle loro tane sotterranee quando la temperatura del terreno è di circa 17 °C.

UOVA

Prima di morire, ogni femmina depone circa 500 uova, 20 per volta.

SFARFALLAMENTO

Sfarfallano simultaneamente 370 ninfe di cicala al metro quadro.

RUMORE

Il richiamo corale delle cicale è più rumoroso di una motocicletta (100 dB).

TEMPO DI SVILUPPO DELLE NINFE

FINO A 17 ANNI

Insetti incredibili

Nelle calde sere primaverili del Nord America sfarfallano miliardi di *Magicicada*, tutte nell'arco di un giorno o due. Sciamano sugli alberi, poi si accoppiano, depongono le uova e muoiono. Questa "emersione" di massa permette a molte di loro di sopravvivere abbastanza da riprodursi, poiché gli uccelli e gli altri predatori locali non riescono a mangiarle tutte.

Le lunghe ali anteriori hanno nervature robuste di sostegno e una superficie cerosa idrorepellente.

Le zampe hanno artigli affilati per una salda presa sulla corteccia degli alberi.

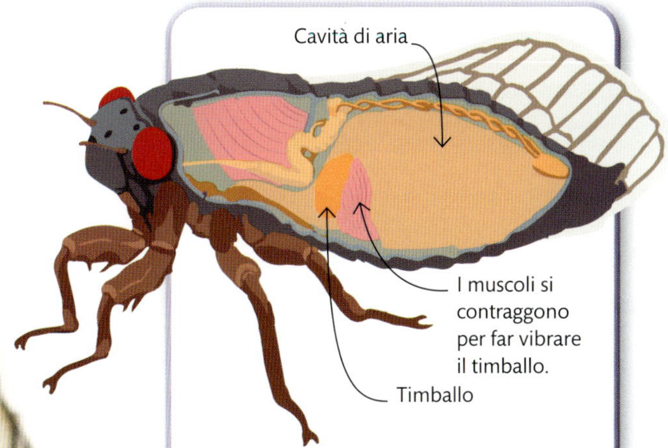

INSETTI CANTERINI

I maschi sono dotati di organi sonori chiamati timballi: sono come minuscoli tamburi situati ai lati del corpo. Muscoli speciali tirano e rilasciano i timballi per generare un rapido flusso di clic, che diventa un rumoroso richiamo stridente. Il suono attira le femmine per l'accoppiamento.

"Il canto del maschio di cicala è uno dei più rumorosi richiami di insetti."

COME OROLOGI

Alcune specie di *Magicicada* si sviluppano sottoterra per 17 anni, altre per 13; le ninfe crescono con lo stesso ritmo, e alla fine emergono in superficie e si arrampicano sugli alberi. I maschi riempiono l'aria con i loro richiami per attirare le femmine, che depongono le uova sugli alberi. Alla schiusa, le ninfe cadono al suolo e si rintanano per i successivi 13 o 17 anni.

NINFA RINTANATA La ninfa trascorre la sua lunga esistenza nel sottosuolo, nutrendosi della linfa delle radici degli alberi. Quando è l'ora di sfarfallare, scava un tunnel fino alla superficie.

EMERSIONE La ninfa scura sale su un albero o una pianta per la trasformazione finale; scivola fuori dalla sua vecchia pelle un'ultima volta e diventa un adulto alato.

NUOVO INIZIO Appena formato, l'adulto ha il corpo morbido e la pelle chiara, che presto si indurisce e diventa nera. Le ali si espandono, e l'animale può volare e accoppiarsi.

UN NUOVO INIZIO

La ninfa di cicala ha una struttura robusta. Quando si arrampica sugli alberi per fare l'ultima muta, l'adulto sfarfallato è molto simile tranne che per il colore, che però si scurirà con il tempo; l'unica differenza è che l'adulto ha le ali. Le cicale all'inizio sono piccole e raggrinzite, ma cominciano subito a pompare emolinfa nelle nervature alari per dispiegarle ed espanderle.

PROTEZIONE PATERNA

CIMICE D'ACQUA GIGANTE

Gli insetti di solito depongono le uova e poi le abbandonano. Ma alcune cimici d'acqua giganti sono diverse: la femmina le incolla con cura sul dorso del maschio, che le porterà fino alla schiusa assicurandosi che non finiscano in pasto ai predatori. Una volta adulte, le cimici diventano feroci cacciatrici di insetti, rane e pesci. Afferrano la vittima con le robuste zampe anteriori, poi vi affondano il rostro affilato e iniettano una saliva paralizzante che scioglie la carne, in modo da poter bere e digerire il loro pasto.

A COLPO D'OCCHIO

- **DIMENSIONI** fino a 10 cm dalla testa alla coda
- **HABITAT** laghi, fiumi e altri habitat di acqua dolce
- **DISTRIBUZIONE** Nord America, Sud America, Africa, Australia, India e Asia sudorientale
- **DIETA** qualunque animale d'acqua dolce riescano a catturare

DATI E STATISTICHE

CIRCA **160** SPECIE

Le cimici d'acqua giganti vivono nelle regioni calde, ma alcune si trovano persino in Canada.

UOVA La femmina depone 100 o più uova in una volta.

DIFESA Se minacciata, contrattacca mordendo o fingendosi morta.

LUCE Queste cimici sono attirate dalle luci notturne.

CUCINA In alcune parti del Sudest asiatico questi insetti sono considerati una leccornia.

DURATA DELLA VITA: FINO A **1** ANNO

LA SCHIUSA

Dopo che il maschio ha trasportato le uova sul dorso per 2 settimane, inizia la schiusa. Qui una creatura minuscola si sta aprendo un varco nel guscio e le piccole macchie scure nelle altre uova indicano che anch'esse sono pronte ad aprirsi.

GLOSSARIO

ACQUATICO
Che vive nell'acqua. Tra gli artropodi acquatici ci sono coleotteri e ragni. Alcuni insetti, come le libellule e le efemere, sono acquatici nei primi stadi di vita, mentre da adulti volano.

ADDOME
Parte posteriore del corpo di un animale che contiene gli organi dell'apparato digerente.

ANESTETICO
Sostanza che rende insensibili al dolore. Alcuni insetti iniettano una sostanza anestetica quando mordono, in modo che la vittima non se ne accorga.

ANTENNE
Un paio di lunghi organi sensoriali mobili usati per percepire i movimenti e le sostanze chimiche nell'aria.

ARACNIDE
Animale come il ragno o lo scorpione con apparato boccale a pinza e 4 paia di zampe.

ARTROPODE
Animale dotato di scheletro esterno, zampe articolate e privo di colonna vertebrale. Sono artropodi: insetti, ragni e crostacei, come aragoste e granchi.

BILANCIERI
Minuscoli organi a forma di bacchette di tamburo presenti nelle mosche. Oscillano insieme alle ali e aiutano l'insetto a rimanere in equilibrio durante il volo.

BOSCAGLIA
Area di terra con vegetazione bassa mista, come cespugli e graminacee.

BOZZOLO
Involucro protettivo fatto da un animale, solitamente di seta.

BRUCO
Forma giovanile, priva di ali e dal corpo morbido, di farfalle e falene.

CAROGNA
Corpo morto e marcescente di animale; è un'importante fonte di cibo per molti artropodi.

CHELICERI
Apparato boccale a forma di mandibole di ragni, scorpioni e aracnidi simili.

CHITINA
Sostanza che forma il rigido esoscheletro degli artropodi.

CICLO VITALE
Stadi attraverso cui un animale raggiunge la forma adulta e la capacità di riprodursi.

COLONIA
Gruppo di animali o altri organismi che vivono insieme. Le formiche e le api, per esempio, vivono in grandi colonie.

CORTEGGIAMENTO
Comportamento per attirare l'attenzione di partner riproduttivi, per esempio esibendo ali colorate.

CUTICOLA
Pelle esterna protettiva di un artropode; di solito è fatta di materiale duro e forma l'esoscheletro

DIOSSIDO DI CARBONIO
Prodotto di rifiuto della respirazione, noto anche come anidride carbonica.

ELITRE
Ali anteriori adattate che formano un involucro robusto per le delicate ali posteriori dei coleotteri, usate invece per volare.

EMATOFAGO
Animale che si nutre di sangue.

ENZIMA
Proteina che accelera una reazione chimica; per esempio, gli enzimi digestivi del ragno iniettati nella preda ne scompongono i tessuti corporei.

ESOSCHELETRO
Il rigido scheletro esterno di animali quali gli insetti. È detto anche cuticola.

FECONDAZIONE
Unione di cellule maschili e femminili che consente lo sviluppo di semi o uova. Molti insetti hanno un ruolo importante nella fecondazione delle piante trasportando il polline dalla parte maschile del fiore a quella femminile.

FEROMONE
Odore speciale che trasmette un messaggio agli altri animali della stessa specie, per esempio con lo scopo di lasciare una traccia o attirare un partner.

FILIERA
Ugello nel corpo di un artropode che produce seta. I ragni hanno diverse filiere.

FITOMIZO
Animale che succhia la linfa delle piante.

FORCIPULE
Arti anteriori simili ad artigli appuntiti usati dai centopiedi per iniettare il veleno e uccidere le prede.

FORESTA PLUVIALE
Foresta che si trova nelle regioni calde del pianeta con elevate precipitazioni annue.

FOSSILE
Resti o tracce di esseri viventi che si sono conservati senza decomporsi, spesso trasformandosi in pietra.

GHIANDOLA
Piccolo organo del corpo che produce e rilascia sostanze chimiche come ormoni, saliva o seta.

HABITAT
Luogo in cui vive la fauna selvatica.

IMPOLLINAZIONE
Processo con cui il polline giunge alle strutture femminili del fiore. Molti insetti sono utili impollinatori.

INGLUVIE
Parte dell'apparato digerente usato per immagazzinare il cibo appena ingerito.

INSETTO
Artropode dotato di 3 paia di zampe in forma adulta e spesso di uno o 2 paia di ali.

INVERTEBRATO
Animale che non ha uno scheletro interno articolato.

IRIDESCENTE
Si dice di superficie che riflette la luce del sole creando un luccichio cangiante colorato. L'effetto si può osservare sulle ali di una farfalla o su un coleottero lucido.

LARVA
Forma giovanile di un insetto, spesso molto diversa da quella dell'adulto. Sono larve anche i bruchi di falene e farfalle.

MANDIBOLE
Nell'apparato boccale degli insetti sono strutture affilate usate per mordere e masticare.

MELATA
Secrezione appiccicosa e dolce prodotta da alcuni insetti che si nutrono di linfa zuccherina.

MEMBRANA
Strato sottile di materiale, come l'ala di un insetto volante.

MICROBO
Essere vivente microscopico.

MIGRAZIONE
Spostamento di una popolazione da un luogo all'altro. Molti animali migrano in determinati periodi dell'anno per trovare un clima migliore, più cibo o le condizioni giuste per riprodursi.

MIMETISMO
Colori o forme che rendono difficile individuare un animale nel suo ambiente. Il mimetismo è un sistema di difesa contro i predatori, ma può anche nascondere un cacciatore. Alcuni insetti sono identici alle foglie, ai fiori o ai ramoscelli su cui vivono.

MIRIAPODE
Animale come il centopiedi o il millepiedi, con 9 o più paia di zampe.

MOLECOLA
Minuscola particella composta da un'aggregazione di atomi.

MUTA
Rinnovamento della cuticola di un artropode; all'inizio morbida, si espande e si indurisce in modo che l'animale possa crescere, cosa impossibile in un involucro rigido. Le mute possono ripetersi più volte durante il ciclo vitale.

NETTARE
Soluzione zuccherina prodotta dai fiori per attirare gli animali.

NETTARIVORO
Animale che si nutre di nettare.

NINFA
Forma giovanile di un insetto simile a quella dell'adulto, ma priva di ali. Le ninfe fanno la muta diverse volte prima di maturare.

NOTTURNO
Attivo di notte. Sono notturni alcuni artropodi, tra cui falene, lucciole, scarafaggi, zanzare e ragni.

NUTRIENTI
Sostanze presenti nel cibo e usate dagli esseri viventi come fonte di energia e per crescere.

OCCHI COMPOSTI
Gli occhi principali degli insetti adulti e di altri animali, composti da centinaia di elementi, ognuno dotato di una minuscola lente.

OCELLI
Occhi semplici usati per percepire l'intensità della luce.

OPERAIO
Membro sterile di una colonia di insetti, di solito di sesso femminile. Gli operai svolgono compiti specializzati, come la raccolta di cibo e la costruzione del nido.

OVOPOSITORE
Tubicino sottile utilizzato per deporre le uova.

PALPI
Strutture corte simili ad arti vicino all'apparato boccale, di solito usate per maneggiare il cibo.

PARASSITA
Essere che vive sopra o all'interno del corpo di un altro organismo vivente, nutrendosene senza ucciderlo.

POLLINE
Minuscoli granuli prodotti dai fiori contenenti le cellule maschili necessarie a fecondare quelle femminili e farle sviluppare in semi.

PREDA
Animale catturato da altri animali.

PREDATORE
Animale che ne uccide altri per cibarsene.

PROTEINA
Composto organico contenente azoto. Le proteine sono essenziali per tutti gli organismi viventi e sono usate per produrre enzimi e tessuti corporei.

PUPA
Stadio del ciclo vitale di alcuni insetti in cui la larva, come un bruco, si trasforma in un adulto, per esempio una farfalla.

QUIESCENTE
Inattivo, come durante il sonno. Molti artropodi nel loro sviluppo hanno un periodo di quiescenza per risparmiare energie e sopravvivere in climi molto freddi o asciutti.

REGINA
Femmina che depone le uova in una colonia di insetti sociali come api o formiche. La regina è più grande e più longeva delle sue compagne.

RINCOTI
Termine scientifico per un gruppo di insetti con caratteristiche speciali, tra cui un apparato boccale succhiatore perforante. Gli insetti pattinatori e le cicale sono rincoti.

SALIVA
Fluido prodotto dalle ghiandole salivari che dà inizio al processo digestivo.

SETA
Materiale filamentoso robusto ed elastico prodotto dai ragni per costruire le tele e da alcuni insetti per fare i bozzoli.

SFARFALLARE
Uscire dall'involucro ninfale, dal bozzolo, in forma di insetto adulto.

SPECIE
Raggruppamento scientifico di animali caratterizzato da un aspetto simile e dalla possibilità di accoppiarsi tra loro per riprodursi. Gli animali di specie diverse non possono riprodursi.

SPIRACOLI
Fori sull'esoscheletro di un artropode usati per la respirazione: l'aria entra e il diossido di carbonio viene espulso.

STILETTO
Lama sottile con apice affilato che costituisce parte dell'apparato boccale di alcuni artropodi, usato per perforare i tessuti.

SUBTROPICALE
Detto di una regione del pianeta con clima meno caldo e umido rispetto alle zone tropicali, ma più caldo delle zone temperate.

TESSUTO
Insieme di cellule che formano il materiale vivente di un animale o di una pianta, come pelle e muscolo.

TORACE
La parte centrale del corpo di un insetto, a cui sono attaccate le zampe e le ali.

TOSSINA
Altro termine per veleno.

TRACHEE
Rete di condotti che trasportano l'aria ai muscoli e agli organi del corpo.

Simboli e abbreviazioni	
°C	grado Celsius
cm	centimetro
°F	grado Fahrenheit
ft	foot (piede)
g	grammo
h	ora
in	inch (pollice)
km	chilometro
m	metro
min	minuto
mm	millimetro
mph	miles per hour (miglia/h)
oz	ounce (oncia)
sec	secondo

TROPICALE
Detto di una regione vicino all'Equatore. Il clima tropicale è molto caldo e umido.

TUBI MALPIGHIANI
Piccoli condotti che raccolgono le sostanze chimiche di scarto dai fluidi corporei degli artropodi.

VELENO
Sostanza tossica utilizzata da animali che mordono o pungono per cacciare o difendersi.

INDICE

RINGRAZIAMENTI

Dorling Kindersley desidera ringraziare: Anjana Nair, Amit Varma e Charvi Arora per l'assistenza al design; Surya Sarangi per la ricerca di immagini aggiuntive; Steve Crozier per i ritocchi; Bharti Bedi per l'assistenza alla redazione; Jane Evans per la revisione dei testi; Carron Brown per l'indice.

Referenze fotografiche
L'Editore ringrazia per la gentile concessione alla riproduzione delle immagini:

(Legenda: a-sopra; b-sotto/in fondo; c-al centro; f-estremo; l-sinistra; r-destra; t-in alto)

4 Corbis: Wouter Pattyn/Buiten-beeld/ Minden Pictures (cra). **Nicky Bay:** (ca). **5 Ireneusz Irass Waledzik:** (cla). **Thomas Marent:** (ca). **6 Ryan Jayawardena:** (bl). **6-7 Science Photo Library:** Gilles Mermet. **7 Alexander Hyde:** (crb). **Thomas Marent:** (br). **Nicky Bay:** (tr). **Igor Siwanowicz:** (cra). **8 Nicky Bay:** (clb). **Alex Wild/myrmecos.net:** (bl). **9 OceanwideImages.com:** (crb). **10 Alexander Hyde:** (br). **Dreamstime.com:** Pzaxe (tr). **11 123RF.com:** Cosmin Manci (cb); Parmoht Hongtong (tr). **Dreamstime.com:** Amwu (cl). **13 Dreamstime.com:** Alessandrozocc (bc). **Getty Images:** Stephen Dalton (tl). **Melvyn Yeo:** (cr). **14-15 naturepl.com:** Alex Hyde. **16 Alamy Images:** Survivalphotos (bl). **Brian Parsons:** (bc). **naturepl.com:** Alex Hyde (ca). **Nicky Bay:** (tr, ftr). **16-17 Corbis:** Ingo Arndt/Minden Pictures (c). **Dreamstime.com:** Stevenrussellsmithphotos (cb). **17 Getty Images:** Laura Berman/Design Pics (tr). **Nicky Bay:** (ftl, tl, tc, tc/soft cuticle). **21 naturepl.com:** Nature Production (cra). **22-23 Dreamstime.com:** Mgkuijpers. **23 Corbis:** Wolfgang Kaehler (cr). **24-25 Dreamstime.com:** Mgkuijpers. **25 naturepl.com:** MYN/Andrew Snyder (cr). **26 Science Photo Library:** Jerzy Gubernator (cb). **27 FLPA:** Ingo Arndt/ Minden Pictures (bc). **Photoshot:** Adrian Hepworth (cra). **Science Photo Library:** Dirk Wiersma (tc). **28-29 naturepl.com:** Philippe Clement. **29 Dreamstime.com:** Henrikhl (cr). **30 Masterfile:** Minden Pictures (c). **30-31 Rod Morris Productions. 32 Dorling Kindersley:** Natural History Museum, London (cb). **32-33 naturepl.com:** Steven David Miller. **34 Corbis:** Dennis Kunkel Microscopy, Inc./Visuals Unlimited (cl). **34-35 Nicky Bay. 35 123RF.com:** Dmitry Knorre (tr). **naturepl.com:** Jan Hamrsky (br). **36 SuperStock:** Universal Images Group (br). **38-39 Getty Images:** Thunderbolt_TW (Bai Heng-yao) photography. **40-41 naturepl.com:** Nature Production. **41 Dreamstime.com:** Isselee (crb). **42 OceanwideImages.com:** (cl). **42-43 OceanwideImages.com. 44-45 SuperStock:** Minden Pictures. **45 SuperStock:** Minden Pictures (cr). **46-47 Igor Siwanowicz. 47 naturepl.com:** Robert Thompson (cr). **48-49 SuperStock:** Imagemore (c). **49 123RF.com:** Eric Isselee (cr). **Fotolia:** Eric Isselee (tr). **naturepl.com:** Jabruson (br). **Science Photo Library:** Patrick Landmann (bc). **50-51 naturepl.com:** Kim Taylor. **53 Christian Kronmuller:** (tl). **54-55 Alamy Images:** Living Levels Photography. **55 Alex Wild/myrmecos.net:** (cr). **56-57 Nicky Bay. 57 Nicky Bay:** (cr). **58-59 Nicky Bay. 59 Nicky Bay:** (cr). **60 Corbis:** Ingo Arndt/Minden Pictures (cl). **60-61 Lukas Jonaitis. 62-63 Igor Siwanowicz. 62 Corbis:** Solvin Zankl/ Visuals Unlimited (crb). **naturepl.com:** Kim Taylor (cl). **63 Alamy Images:** Arto Hakola (crb); Xunbin Pan (cra). **Corbis:** Mark Moffett/Minden Pictures (br). **Dorling Kindersley:** Thomas Marent (tr). **64 Kurt- orionmystery.blogspot.com:** (cl). **64-65 Kurt- orionmystery.blogspot.com. 66-67 Science Photo Library:** Dr Harold Rose. **67 Hisako Ricketts:** (cr). **69 SuperStock:** Minden Pictures (tl). **70 Science Photo Library:** Barbara Strnadova (c). **70-71 Masterfile:** Minden Pictures. **74-75 National Geographic Creative. 75 Alamy Images:** Greg C. Grace (cr). **76 Alamy Images:** The Natural History Museum (cl). **76-77 SuperStock:** Biosphoto. **77 naturepl.com:** Simon Colmer (tc). **Science Photo Library:** AMI Images (bc). **78 Alamy Images:** Bob Gibbons (crb). **Warren Photographic Limited:** (bc). **79 Nicky Bay:** (crb). **80 Dreamstime.com:** Earlydawnphotography (clb). **Jurgen Otto:** (br). **Warren Photographic Limited:** (cl). **80-81 123RF.com:** Noppharat Prathumthip. **81 Alan Henderson:** (tc). **82-83 Thomas Shahan. 84-85 naturepl.com:** Rolf Nussbaumer. **85 FLPA:** Cisca Castelijns, NiS/Minden Pictures (cr). **86 Corbis:** Nicky Bay/National Geographic Creative (clb). **86-87 Dreamstime.com:** Sergej Kondratenko. **87 123RF.com:** Song Qiuju (tr). **Ashok Captain:** (c). **88-89 Roy Anderson. 89 naturepl.com:** Kim Taylor (cr). **90-91 Svatoslav Vrabec. 92 Science Photo Library:** Eye of Science (tl, bc); Steve Gschmeissner (tc). **92-93 Science Photo Library:** Eye of Science (c). **93 Science Photo Library:** John Walsh (tr). **94 Corbis:** Jef Meul/NiS/Minden Pictures (cl). **94-95 Corbis:** Jef Meul/NiS/Minden Pictures. **96-97 Nicky Bay. 97 Corbis:** Paul Starosta (crb). **98 Alamy Images:** dpa picture alliance (cl). **99 Science Photo Library:** Power and Syred (tr); Steve Gschmeissner (crb). **100-101 Alamy Images:** Brian Hewitt. **104 Nicky Bay:** (cl). **104-105 OceanwideImages.com. 106 naturepl.com:** Rod Clarke/John Downer Produ (bc). **106-107 Nicky Bay. 107 naturepl.com:** Alex Hyde (tr). **Science Photo Library:** Alex Hyde (ca). **108-109 Thomas Shahan. 109 Dreamstime.com:** Stig Karlsson (cr). **110-111 FLPA:** Â © Biosphoto, Roger Dauriac/Biosphoto. **111 Getty Images:** Amanda Sweet/EyeEm (c). **112-113 Nicky Bay. 114-115 Corbis:** Alex Hyde/ Nature Picture Library. **115 Alamy Images:** Life on white (bc); Nature Picture Library (tl). **Igor Siwanowicz:** (cb, c, ca, tc). **116 Photoshot:** James Carmichael Jr (cl). **116-117 John Flannery. 118-119 FLPA:** Photo Researchers. **119 naturepl.com:** Barry Mansell (cr). **120 Corbis:** Michael Durham/Minden Pictures (cl). **120-121 FLPA:** Chien Lee/Minden Pictures. **122 123RF.com:** Christian Musat (cl). **122-123 Corbis:** Wouter Pattyn/Buiten-beeld/Minden Pictures. **124-125 Alamy Images:** Robert Shantz. **125 Alamy Images:** Robert Hamm (cr). **127 Dreamstime.com:** Artjazz (br). **128-129 FLPA:** ImageBroker. **130-131 Robert Suter. 131 Alamy Images:** Hemis (cr). **132 Alamy Images:** Robert HENNO (cl). **132-133 Igor Siwanowicz. 133 Dreamstime.com:** Catalinc (crb). **Jan Hamrsky:** (cb). **134-135 Alex Wild/ myrmecos.net. 135 D. Magdalena Sorger:** (cr). **136 Photoshot:** NHPA (cl). **137 Science Photo Library:** Natural History Museum, London (crb). **V.Trailin:** (cra). **140 FLPA:** Konrad Wothe/Minden Pictures (cl). **140-141 Ireneusz Irass Waledzik. 142 Dreamstime.com:** Tzooka (cl). **142-143 Igor Siwanowicz. 143 Alamy Images:** imageBROKER (bc/ Burnet moth). **FLPA:** Photo Researchers (br). **Getty Images:** Danita Delimont (bl). **Mark Moore, Moore Live Images:** (tr). **Science Photo Library:** Dr Jeremy Burgess (bc). **144 Alamy Images:** Photosampler (crb); Scott Camazine (cl). **144-145 MacroscopicSolutions. 145 Corbis:** David Scharf (tc). **Science Photo Library:** Cloud Hill Imaging Ltd. (crb); Natural History Museum, London (cra); Power and Syred (br). **146 Alex Wild/ myrmecos.net:** (cl). **146-147 Alex Wild/ myrmecos.net. 147 Alamy Images:** age fotostock (tr). **Michael Doe:** (tl). **Rodrigo Viveros Agusto:** (crb). **SuperStock:** Animals Animals (cra). **W. Wuster:** (br). **148 Science Photo Library:** Steve Gschmeissner (cl). **149 Alamy Images:** Stocktrek Images, Inc. (crb). **Warren Photographic Limited:** (br). **150 naturepl.com:** Daniel Heuclin (cl). **150-151 naturepl.com:** Daniel Heuclin. **152 Alex Wild/myrmecos.net:** (cl). **152-153 123RF.com:** Mr.Smith Chetanachan. **153 FLPA:** Gerard Lacz (tc/Hissing cockroach). **Masterfile:** Minden Pictures (tc). **Nicky Bay:** (crb, tr). **156 Photoshot:** M I Walker/NHPA (clb). **156-157 naturepl.com:** Alex Hyde. **157 Alamy Images:** The Natural History Museum (tl). **FLPA:** Jeremy Early (tr). **158 SuperStock:** imageBROKER (cl). **158-159 Svatoslav Vrabec. 161 David Gould/naturespot.org.uk:** (bc). **Dreamstime.com:** Nolte Lourens (bl). **162-163 Mark Leppin. 163 Ron Hay, Greater Napanee, Canada- www. megapixeltravel.com:** (cr). **164 Corbis:** Peter Johnson (clb); Radius Images (c). **165 Corbis:** Anthony Bannister/Gallo Images (br). **Getty Images:** Mark Moffett (tc). **166-167 Corbis:** Ch'ien Lee/Minden Pictures. **168 Getty Images:** arlindo71 (cl). **168-169 Hubert Polacek. 170 Alamy Images:** Phil Degginger (clb). **Ardea:** Steve Hopkin (cl). **170-171 Dreamstime.com:** Isselee. **171 Corbis:** Paul Starosta (cra). **172-173 Alex Wild/myrmecos.net. 174 Getty Images:** Mark Moffett (cl). **174-175 Ardea:** Karl Terblanche. **176 Alamy Images:** imageBROKER (cl). **176-177 Getty Images:** Robert F. Sisson. **178 Alamy Images:** Paul R. Sterry/Nature Photographers Ltd (bl). **Peter Eeles/UK Butterflies:** (c). **178-179 Corbis:** Michel Gunther/Copyright : www.biosphoto. com/Biosphoto. **179 Ardea:** John Mason (ca). **National Geographic Creative:** (c). **181 Corbis:** Christophe Loviny (bc). **Getty Images:** baobao ou (tc). **182-183 Photoshot:** K. Wothe. **183 Dreamstime. com:** Ryszard Laskowski (cr). **185 Judy Gallagher:** (tr). **186-187 Dusan Beno. 188-189 Corbis:** Mark Moffett/Minden Pictures. **189 Robert Harding Picture Library:** Konrad Wothe (cr). **191 The American Association for the Advancement of Science:** Steve Rogers (cla); Tom Fayle (tc). **Warren Photographic Limited:** (bc). **192-193 naturepl.com:** Mike Potts. **194-195 Nicky Bay. 195 Getty Images:** David Chambon Photographie (cr). **196-197 Rex Shutterstock:** F1 Online. **197 Nicky Bay:** (c). **198 Alamy Images:** Jim Lane (cl). **198-199 Alex Wild/myrmecos.net. 199 Alamy Images:** B. Mete Uz (bc, bc/ Breaking Out). **Corbis:** Mitsuhiko Imamori/Minden Pictures (br). **200-201 Thomas Marent. 202-203 naturepl.com:** Nature Production. **204 Corbis:** Alex Hyde/Nature Picture Library (tr). **206 Alamy Images:** Living Levels Photography (tr). **FLPA:** Â © Biosphoto, Roger Dauriac/Biosphoto (tc); ImageBroker (ftr). **208 SuperStock:** Minden Pictures (tr).

Tutte le altre immagini
© Dorling Kindersley
Per ulteriori informazioni:
www.dkimages.com